学校教育と
キャリア教育の創造

渡辺三枝子・鹿嶋研之助・若松養亮 著

講座 現代学校教育の高度化　小島弘道 監修　20

学文社

執筆者		
渡辺 三枝子	立教大学	第1章第3節・第3章・第5章第1,2節
鹿嶋 研之助	千葉商科大学	第1章第1,2節・第4章
若松 養亮	滋賀大学	第2章・第5章第3,4節

監修にあたって

　現代の学校は，社会のドラスティックな変化を前に，その社会に生きる上で直面する様々な課題に向き合い，解決して自分なりの生き方を選択，設計，実現するための「生きる力」の育成ほか，知識基盤社会など社会の新たなかたちに対応しうる人材を育成することが期待されている。その担い手としての教師をどう育成し，かつその質をどう高めるかは喫緊の課題であることは異論のないところだろう。これまで教員養成に対しては主として学部レベルの知や技の在り方を探り，さらに現職研修の充実によって対応してきた。しかし近年，教職大学院の設置や既存の教育系大学院の改革により教員を養成することに強い関心を寄せてきている教育政策からは，今後の教員養成は大学院レベルで行うことが望ましいとする方向が見え隠れする。しかし，それは教師の一部に限ってそうしようとするものであるばかりか，その大学院でいかなる知と技によって優れた教師を育成するかについては，その制度設計も含め，改善，改革すべき課題が山積し，その多くは今後に残されたままである。

　またそこでめざす職業人としてのかたちが「高度専門職業人」であるとされながらも，そこでの教師像，力量，そのために必要な育成や養成のシステムなどについて明確にされているというにはほど遠いというのが現実である。

　高度専門職業人としての教師であるためには，次の3つの知が不可欠だと考えられる。

- ●専門性の高度化を持続させる知
- ●専門性を成熟させる知
- ●専門性を学校づくりに生かす知

　高度専門職業人であることは，高度な専門性を追究し，その分野のスペシャリストとして自らの教職キャリアを選択する方向，また求められるならばこれまで培ってきた専門性を基盤としてそれを学校づくりに生かすという教職キャ

リアを選択する方向があるだろう。そのいずれの方向であれ,「高度」というものがつきまとい,その実体を身に付けた教師であることが求められている。専門性は今や膨らみを持たせて語ることが重要である。授業実践にとどまらず,学校づくりにつながる授業実践の視野が求められる。その意味でも「専門性を学校づくりに生かす知」という視点は不可欠だと思う。その際,期待する教師像は「考える教師」,つまり「省察,創造,実践する教師」に求めたい。

　高度専門職業人としての教職に必要な知のレベルは「大学院知」としてとらえたい。この内実を明確にし,その知を実践に即して振り返り,その知を進化,発展させ,さらに新たな知を創造すること,それを教育実践と学校づくりとの関連で相互に生かす知として編集することができる力量の育成を通して,教職を名実共に成熟した専門職にまで高め,その専門性を不断に進化,成熟させるにふさわしい力量を備えた教師を育成する知を解明することが大切である。高度専門職業人であるための知は,大学院修了の資格を有しているか,いないかにかかわらず,その水準を「大学院知」に設定したい。そうした知の育成,展開をめざした研修でもありたい。さらに言えば本講座を通して「大学院知」のスタンダード,スタンダードモデルを創造し,発信するメッセージとなれば幸いである。

　本講座を構成する知は,①知識基盤テーマ群,②学校づくりテーマ群,③教育実践テーマ群,④教育内容テーマ群,の4群から構成した。各巻における編集・執筆の観点は,テーマをめぐる,①問題・課題の状況,②これまでの,そして現在の,さらにこれから必要とされる考え方や知見,③学校づくりや学校変革への示唆,である。

　本講座の趣旨にご理解をいただき,出版の機会を与えていただいた,学文社の三原多津夫氏に敬意と感謝を申し上げる。

　　　　　　　　　　　　　　　　　　　　　　監修　小島　弘道

まえがき

　昨今，産学連携が叫ばれ，産業界の方々が初等中等教育に積極的に協力してくださるようになった。キャリア教育の導入がそのきっかけとなったとも考えられる。社会全体で子どもを育てようとする機運が高まってきたことは本当に喜ばしいことである。しかし他方で，産業界と学校が児童生徒の教育において協力するためには，両者に，いくつか乗り越えなければならないハードルがあるように思われる。そもそも，どのような場面においても「協力する」ためには目標を共有すると同時に，相互理解と相互信頼が土台となる。効果的な産学協力を進めるためのハードルの一つは相互信頼づくりかもしれない。

　先日，地域の中学校の職場体験活動の支援に尽力している企業の方と会った時のことである。その人は「今の学校の教師は全くキャリア教育のことを知らない。教師の教育はどうなっているのだ。キャリア教育は産業界の手に委ねたほうがよい」と語気を荒らげて話された。その人の熱意を感謝し，教師の姿勢を謝罪したが，同時にその人の誤解についても修正してもらった。キャリア教育は2002年に正式に日本の教育界に紹介され，同時に現職教員の研修が開始されたわけであり，教員養成課程では取り上げられていない。しかし他方で，キャリア教育に対する社会の関心は急速に広まり，教師の準備態勢に関係なく教師の重要な任務となったのである。

　キャリア教育は本来，教育課程全体をキャリア発達という視点から見直すという教育改革の理念である。決して科目やイベントを創設すれば実践できたことになるわけではない。また，産業界の人の方がキャリア教育ができるというのも誤解である。学校は社会との相互作用の中にあり，児童生徒も社会から切り離されては存在し得ないものである。その意味で，産業界も含め地域社会の人々の協力をうることは非常に重要である。しかし，キャリア教育の責任者は

教育の専門家である教師集団である。産業界からの厳しい指摘を真摯に受け止め，教師が自分の任務の一部として，キャリア教育について理解を深めることが喫緊の課題である。

　本書は，教職課程でキャリア教育について学ぶ機会のなかった現職の教師がキャリア教育に対するハードルを乗り越えることを目標として，企画された。幸い著者3名は教員養成の仕事とともに，現職教員の指導にも携わってきたので，互いの経験を持ち寄り，現場で専門家として自信を持って働いていただくために，「今，キャリア教育について，教師に知っておいて貰いたいことは何か」，「日々の教育活動で役立つ知識・情報は何か」などを議論して，本書を構成した。実は本書を執筆中にも，文部科学省ではキャリア教育についての議論が進んでいる。小学校，中学校，高等学校，それぞれの「キャリア教育の手引き」も公表された。そのたびに本書の内容を点検し，最新の情報を反映するようにした。

　キャリア教育は教員の意識改革も含め，教育全体を見直す行為であるので，教師には，様々な知識や情報の獲得，そして，教育方法や新たな能力の習得が求められている。キャリア教育の実践は簡単ではないことも事実である。キャリア教育を理解している教師ほど「キャリア教育のことがよくわかった」とは言えないかもしれない。しかし子どもたちの成長・発達を促進させることを教師の使命と考えるなら，毎日，児童生徒と接する教師は，一歩一歩前に進むつもりで実践することができるはずである。本書が第一線で活躍されている教師の方々の専門性のさらなる向上に資することができればこの上ない喜びである。

　2010年5月

第20巻著者を代表して　渡辺　三枝子

目　次

　　監修にあたって
　　まえがき

第1章　学校教育とキャリア教育───────────────────7

　　第1節　我が国におけるキャリア教育の始まりとその背景　7
　　第2節　我が国におけるキャリア教育前史　18
　　第3節　キャリア教育の定義と目標　29

第2章　キャリア教育の理論的及び歴史的背景──────────37

　　第1節　発達の視点で見る重要性　37
　　第2節　キャリア発達のアプローチ　44
　　第3節　アメリカにおけるキャリア教育　61
　　第4節　イギリスにおけるキャリア教育　70

第3章　キャリア教育実践上の鍵─────────────────78

　　第1節　第1の鍵：「キャリア発達」についての理解　78
　　第2節　第2の鍵：「自立的に生きる力」の理解　83
　　第3節　第3の鍵：「職業観・勤労観の育成」の意味の理解　88
　　第4節　第4の鍵：教育活動に取り組む「教師の姿勢」　92

第4章　小・中・高等学校におけるキャリア教育の推進────101

　　第1節　キャリア教育の意義と推進方策　101
　　第2節　学習指導要領におけるキャリア教育の取扱い　108
　　第3節　キャリア教育の推進計画と教育課程での位置付け　126

第5章　キャリア教育推進の条件―――――――――――――148

　第1節　キャリア教育取り組みの前提条件　　148
　第2節　キャリア教育推進の手順　　157
　第3節　学校内の協働体制　　159
　第4節　保護者・地域との連携強化　　168

　索　引　　175

第1章　学校教育とキャリア教育

　我が国においてキャリア教育は，1999（平成11）年の中央教育審議会答申での提言，これを受けて行われた国立教育政策研究所及び文部科学省の調査研究，そして文部科学省によるキャリア教育推進のための諸事業などによって推進が図られている。この背景には，失業している若者，パートタイム労働や派遣労働で働く若者の増加など新規学卒者や若者の就業・雇用をめぐる問題，あるいは，若者の生活や意識の変容といった問題があると指摘されている。本章では，そのようなキャリア教育推進の経緯や背景について述べるとともに，キャリア教育の定義やそれが目指すところを明らかにしつつ，キャリア教育がいかなる教育活動であるのかについて取り上げることとする。また，多くの教育関係者から唐突と受け止められたキャリア教育の推進について，その胎動ともいうべき前史についても紹介することとする。

第1節　我が国におけるキャリア教育の始まりとその背景

　我が国のキャリア教育は，1999（平成11）年の中央教育審議会答申『初等中等教育と高等教育との接続の改善について』（以下，「接続答申」と略）で，その推進が提言されたことに始まるが，小・中・高等学校等がキャリア教育に取り組むためには，それがいかなる教育活動であり，何を目指し，どのような学習・活動が求められるのかなどが明らかにされる必要があった。これらの実践上の課題を解決するために，国立教育政策研究所（2001〜02年）と文部科学省（2002〜04年）による調査研究が行われ，2004（平成16）年度から，「新キャリア教育プラン推進事業」をはじめとする文部科学省の一連の研究指定事業で，学校で

の実践が始まった。また，学校での取組を支援するために，文部科学省や国立教育政策研究所によって，ガイド，手引き，事例集，パンフレットなどが作成，刊行された。

　本節では，キャリア教育導入と推進の経緯について概説するとともに，キャリア教育導入の背景となった，新規学卒者や若者の就業・雇用を取り巻く厳しい状況，若者の生活や意識の変容などについて述べることとする。

1　我が国におけるキャリア教育の始まり

　我が国におけるキャリア教育は，上述の「接続答申」で，「学校と社会及び学校間の円滑な接続を図るためのキャリア教育を小学校段階から発達段階に応じて実施する必要がある」と提言されたことに始まるとされている。しかし，キャリア教育は，必ずしも未知の教育活動であったというわけではなく，その萌芽がなかったわけでもない。

　次章で詳しく記述するように，キャリア教育は1970年代の初頭からアメリカにおいて，連邦教育局の主導の下に展開された教育活動である。その動向は，時を置かずして我が国に紹介され，1970年代半ばには，文部省刊行の『中学校・高等学校進路指導の手引』で，その理念などが紹介された。また1980年代には，いくつかの中学校や高等学校において先導的，試行的な研究実践が行われた。しかし，当時，我が国においては，高等学校進学率が90％を超え，大学・短大進学率が30％に達するといった進学熱の高まり，進学競争の過熱化といった状況の下で，中学校・高等学校の進路指導は進路先の選択の指導に偏り，キャリア教育が顧みられることはなかった。加えて，高度経済成長は終焉していたとはいえ，我が国の経済・産業は右肩上がりの成長，発展を続けていて，労働市場，特に若者，新規学卒者の労働市場は極めて恵まれた売り手市場にあったことから，学校教育，学校進路指導からキャリア教育の意義，必要性が認識される環境でもなかった。そのため，キャリア教育は，実を結ぶことがないままに，知る人ぞ知る教育活動となっていた。

(1) 二つの調査研究と「若者自立・挑戦プラン」

1999年の「接続答申」で推進が提唱されたキャリア教育は，2001～04年の国立教育政策研究所と文部科学省の調査研究及び2003（平成15）年の「若者自立・挑戦プラン」の策定を経て，2004（平成16）年度の「新キャリア教育プラン推進事業」で，小・中・高等学校における実践に移された。「接続答申」以降の流れを今少し詳しく辿れば，以下のとおりである。

① 国立教育政策研究所の調査研究

キャリア教育を学校教育に導入するための調査研究は，まず2001（平成13）年8月に国立教育政策研究所生徒指導研究センターに「児童生徒の職業観・勤労観を育む教育の推進に関する調査研究会議」が設けられて始まった。

この調査研究は，会議の名称が「職業観・勤労観を育む教育の推進に関する調査研究会議」とされたことから分かるように，必ずしもキャリア教育に正対したものではなかったが，キャリア教育の意義や必要性（この調査研究の報告書では，「職業観・勤労観を育む教育の意義」などとなっているが……）が明らかにされるとともに，キャリア教育の構造化や勤労観，職業観の概念規定などが行われ，2002（平成14）年11月に報告書『職業観・勤労観を育む教育の推進について』（以下，『国研報告書』と略）がまとめられた。

② 文部科学省の調査研究

国立教育政策研究所の先行研究を踏まえつつ，いよいよキャリア教育を小・中・高等学校の実践に移すための調査研究が始まることになる。すなわち，2002（平成14）年10月に文部科学省初等中等教育局に「キャリア教育の推進に関する総合的調査研究協力者会議」が設けられ，キャリア教育の定義がなされるとともに，その意義や基本方向と推進方策などについて調査研究が行われ，2004（平成16）年1月に『キャリア教育の推進に関する総合的調査研究協力者会議報告書―児童生徒一人一人の勤労観・職業観を育てるために―』（以下，『文科省報告書』と略）が出された。

③ 「若者自立・挑戦プラン」の策定

キャリア教育は，国立教育政策研究所と文部科学省の調査研究を経て，学校

での実践の段階へと進むことになるが，これらに前後して策定された「若者自立・挑戦プラン」の一環に位置付けられ，推進が図られることになった。すなわち，2003（平成15）年4月に平沼赳夫経済産業大臣（当時。以下，同様）の呼びかけで，遠山敦子文部科学大臣，坂口力厚生労働大臣及び竹中平蔵経済財政政策担当大臣の4大臣によって「若者自立・挑戦戦略会議」が立ち上げられ，同年6月に「若者自立・挑戦プラン」が策定された。このプランは，「人材対策の強化を通じ，若者の働く意欲を喚起しつつ，すべてのやる気のある若年者の職業的自立を促進し，もって若年失業者等の増加傾向を転換させることを目指す」もので，関係省庁が連携，協力して取り組むこととされた。

小・中・高等学校におけるキャリア教育は，文部科学省が取り組む「若者自立・挑戦プラン」の，初等中等教育におけるプランに位置付けられたのである。

(2) キャリア教育推進のための諸事業の展開

キャリア教育は，2004（平成16）年度以降，調査研究の段階から学校での実践の段階へと進むことになる。

小・中・高等学校におけるキャリア教育の実践的な取組は，まず2004（平成16）年度から地域指定の実践研究事業である「新キャリア教育プラン推進事業」及び「専門高校等における『日本版デュアルシステム』推進事業」として始まった。次いで，2005年度からは「キャリア教育実践プロジェクト―キャリア・スタート・ウィーク―」が，そして2007年度からは「高等学校におけるキャリア教育の在り方に関する調査研究」事業が実施された。

また，これらの事業で指定された学校をはじめ，全国の小・中・高等学校のキャリア教育の取組を支援するために，文部科学省は，『中学校職場体験ガイド』（2005年11月），『小学校・中学校・高等学校キャリア教育推進の手引―児童生徒一人一人の勤労観，職業観を育てるために―』（2006年11月）が作成，刊行された。加えて，国立教育政策研究所生徒指導研究センターは，2007年3月に『職場体験・インターンシップに関する調査研究報告書』を出すとともに，『キャリア教育体験活動事例集（第1分冊）―家庭や地域との連携・協力―』（2008年3月），『キャリア教育体験活動事例集（第2分冊）―家庭や地域との連

携・協力―』(2009年3月)を刊行した。また、同センターは教員向けのリーフレットを、2009年3月から小・中・高校学校別に順次作成して、教育委員会や学校などに配布した。

さらに、『文科省報告書』は、キャリア教育を推進するための条件整備の一つとして、「教員の資質の向上と専門的能力を有する教員の養成」が急務であるとの認識に基づいて、教員研修プログラムを例示したが、これに基づいて、(独)教員研修センターが主催し、文部科学省が共催する「キャリア教育指導者養成研修」が実施されている。また、この指導者養成の成果などを受けて、県教育委員会が主催する指導者養成研修が実施されるようにもなっている。

2　キャリア教育推進の背景

中央教育審議会が小学校段階からのキャリア教育の実施を提唱し、「若者自立・挑戦戦略会議」が「若者自立・挑戦プラン」を策定した背景には、新規学卒者や若者の就業・雇用をめぐる深刻な状況があり、また、若者の生活や働くことへの意識が変わったからであるとされている。

(1) 新規学卒者や若者の就業・雇用を取り巻く環境

① 新規学校卒業者の進路状況

新規高等学校卒業者(以下、新規高卒者と略)及び新規大学卒業者(以下、新規大卒者と略)の進路は、表1.1にみるように、バブル崩壊前の1991年と「接続答申」が出た1999年及び「若者自立・挑戦プラン」が策定された2003年とを比較すると大きく変化している。

表1.1　新規学卒者の進路の変化(各年3月末)

単位:％

年 主な進路	高等学校卒業者			大学卒業者		
	1991年	1999年	2003年	1991年	1999年	2003年
大学等・大学院等進学者	31.7	44.2	44.6	7.0	10.1	11.4
就職者	34.4	20.2	16.6	81.3	60.1	55.0
進学・就職しなかった者	4.9	9.3	10.3	6.0	22.9	27.1

出所:「学校基本調査」より作成

新規学卒者の進路の変化を概括すれば，新規高卒者については，「大学等進学者」の割合が上昇する一方で，「就職者」の割合が低下している。新規大卒者についても，大学院等への「進学者」の割合が上昇しているが，「就職者」の割合は大幅に低下している。また，「進学も就職もしなかった者」の割合が，新規高卒者，新規大卒者ともに上昇し，特に大卒者で著しく上昇している。

　このような新規学卒者の進路の大きな変化は，直接的には，次のような要因が指摘できる。第1に，新規高卒者の進学率の上昇は，大学の入学定員枠が拡大する一方で，高卒者の数が1992（平成4）年度をピークに急速に減少したからである。第2に，新規高卒者の就職率の急速な低下は，大学等への進学が容易になったことに加えて，バブルが崩壊した1992-93年以降，新規高卒者に対する求人数が急激に減少し，就職が困難になったからである。それがいかに急激なものであったかは，1992年3月卒業者に対する求人数が160万人を超え，求人倍率が3.34倍であったが，「中教審答申」が出た1999年3月卒者の求人数は40万人を割り，求人倍率も1.53倍にまで低下したことから分かる。そして第3に，新規学卒者の就職をめぐる厳しい状況は，その就職率を低下させたばかりでなく，就職を希望しながら就職できない者や，就職をあきらめて就職活動を断念したり就職活動をしない者を増やし，「進学も就職もしなかった者」の割合を上昇させたからである。

② 若年失業者及び無業者の増加

　2005（平成17）年にまとめられた内閣府の「青少年の就労に関する研究調査」によれば，「若者自立・挑戦プラン」が策定される前年，2002（平成14）年において，15～34歳の若年者で，労働力人口に該当する者の内，職に就いていない者は213万人で，それが若年人口において占める割合は6.3％に上っている。その内訳は，「失業者」が129万人であり，「職に就く意志はあるが職を探していない無業の者」43万人，「職に就く意志がない無業の者」42万人となっている。これらを，10年前，バブル崩壊前の1992年と比較すると，職に就いていない者は80万人増加している。その内訳は，「失業者」が65万人，「職に就く意志はあるが職を探していない無業の者」が14万人増加しており，「職に就く

意志がない無業の者」は増減無しとなっている。

　この調査結果から，若者の就業をめぐる環境は，バブル崩壊後の 10 年間で急激に悪化し，若年無業者，中でも若年失業者が急速に増加したことが分かる。

　ちなみに，この調査は若年無業者の学歴別構成を明らかにしている。これをみると，中学卒 20.1％，高校卒 48.3％，短大・高専卒 16.2％，大学・大学院卒 15.1％となっているが，若年者の学歴構成は，中学卒 7.8％，高校卒 44.3％，短大・高専卒 25.1％，大学・大学院卒 22.8％である。これらの数値から際立っていることは，若年者の学歴構成では 7.8％を占めるに過ぎない中学卒が，若年無業者では 20.1％をも占めていることである。調査結果は，明らかに低学歴の者ほど無業になる可能性が高いことを示している。このことが意味するところは，早い時期からのキャリア教育の必要性であろう。

③　フリーター等の増加

　若年者が直面する雇用問題を取り上げた『平成 15 年版国民生活白書』によれば（この白書は，「若者自立・挑戦プラン」が策定された 2003（平成 15）年当時における若者の就業・雇用に関する状況を表していることから，この白書の数字を用いることとする），15～34 歳の若年者（但し，学生と主婦を除く）の内，「失業者」，「パート・アルバイト（派遣等を含む）で働く者」及び「働く意志のある非労働力人口」は，年々増加して，2001 年には 417 万人に達している。その内訳は，「失業者」127 万人，「パート・アルバイト（派遣等を含む）で働く者」244 万人，「働く意志のある非労働力人口」46 万人となっている。

　この 417 万人は衝撃的な数字であった。なぜならば，それが 15～34 歳の若年人口 3453 万人の 12.2％を占め，また，学生と正社員以外の主婦を除く若年人口の 21.2％にも上ったからである。

　これらの数字を，「接続答申」が出された 1999（平成 11）年でみると，「失業者」121 万人，「パート・アルバイト（派遣等を含む）で働く者」213 万人，「働く意志のある非労働力人口」50 万人となっており，若者の就業をめぐる環境が既に厳しい状況になっていたことが分かる。

④ 学歴別離職率の推移

　若者の就業・雇用の問題に関わって，新規学卒就職者の早期離職が問題となっている。それを例えば，2002年卒業者でみると，就職後3年間の離職率の累積は，新規中卒就職者で72.1％，新規高卒就職者で48.5％，新規短大卒就職者で42.4％，新規大卒就職者で35.9％となっている。

　この高い早期離職率の主たる要因として，厳しい就職状況の下での就職をめぐるミス・マッチ，つまり，生徒・学生が希望する職種や業種あるいは企業に就職できなかったことが指摘されている。厳しい就職状況の下での就職をめぐるミス・マッチが増えていることは否定できない。しかし，新規中卒就職者及び新規高卒就職者に関しては，それが早期離職の主たる要因であるかどうかには疑問がある。なぜならば，新規中卒就職者及び新規高卒就職者の就職後3年間の離職率の累積は，長期的に，それぞれ72％，48％前後で推移していて，必ずしも就職状況が厳しくなったから，その割合が上昇したわけではないからである。新規短大卒就職者及び新規大卒就職者については，長期的にみると，バブル崩壊前は，それぞれほぼ40％，30％であったが，この間，確実に増加し続けている。このことに関する調査研究が十分ではなく，確かなことは言い難いが，その原因としては，就職をめぐるミス・マッチに加えて，企業等の採用が抑制され，採用者に対する課業が厳しくなっていること，人間関係の形成が苦手な者が増えていることなどが考えられる。

　新規学卒就職者の早期離職の原因がいずれにあるにしても，新規学卒就職者の早期離職は，失業者や無業者の増加，パート・アルバイトなどの非正規雇用者の増加など，若者の就業・雇用の問題を一層深刻化することは確かであり，その意味で大きな問題なのである。特に，②の内閣府調査でみたように，学歴が低い若者ほど，無業の者（含む，失業者）の割合が高いことと再就職の困難さとが関連していると推測され，新規中卒就職者及び新規高卒就職者の早期離職は問題が大きい。

(2) 若者の生活や意識

　中央教育審議会がキャリア教育を提唱した背景として，新規学卒者や若者の

就業・雇用をめぐる深刻な状況ばかりでなく，生徒学生や若者の精神的・社会的な自立の遅れ，働くことへの関心，意欲の低下が指摘されている。

① **若者の精神的・社会的な自立**

若者の自立の問題を，前項の就業・雇用にかかわる問題以外の視点から述べることは必ずしも容易ではない。そこで，一つの手掛かりとして，結婚や親との別居についてみると，男女の年齢階層別未婚率は，2005年において，25〜29歳の年齢層で，男性が27.4％，女性が40.1％と，1990年に比べてそれぞれ6.2ポイント，19.7ポイント低下している。30〜34歳の年齢層では，男性が52.3％，女性が67.4％と，それぞれ15.1ポイント，18.7ポイント低下している（平成17年「国勢調査」による）。また，少し古い統計になるが，20〜39歳の年齢層で親との別居率をみると，男性が54.1％，女性が53.4％であり，未婚者でみると，男性が37.3％，女性が25.8％となっている（平成7年「国勢調査」による）。

以上の統計数字でみると，確かに若者の晩婚化が進み，特に女性の晩婚化が著しく，また，親と別居している若者の割合は高いとはいえず，特に未婚者では，別居率が低く，中でも女性の割合が低くなっている。

しかし一方，2008年の『世界青年意識調査（第8回）』（日本，韓国，アメリカ，イギリス，フランスの18〜24歳の青年を対象とする調査）で，「子どもは親から経済的に早く独立するべきだ」という設問について，日本の青年は，88.6％が『そう思う』と回答しており，他の4国と比べて高い割合を示している。この割合は，第6回，7回調査と比べてもほとんど変わらず，むしろ数値的には若干ではあるが高くなっている。また，「自分の子どもに老後の面倒をみてもらいたいと思いますか」という設問に対して，『そう思う』と回答した日本の青年は47.2％で，アメリカ，イギリス，フランスの青年の約60〜70％が『そう思う』としているのと比べると，低い割合となっている。

このような調査結果から，我が国の若者の精神的・社会的な自立が遅れているという指摘をどのように理解すべきなのであろうか。

調査結果から指摘できることは，第1に，88.6％の青年が「子どもは親から経済的に早く独立するべきだ」と答えている『世界青年意識調査』の結果から

みれば，我が国の若者の精神的な自立の遅れについては，疑問なしとしない。第2に，社会的自立にかかわって，晩婚化が進んでいることは確かであるが，それが女性に顕著であることからすれば，それは女性の社会進出，女性の社会的自立の結果とみることもできる。晩婚化は必ずしも若者の自立の遅れを意味するとはいえず，その逆の理解も成り立つ。第3に，若者の別居率が未婚者で特に低く，彼らが経済的にも親に依存しているのではないかということから，「パラサイト・シングル」といった言葉さえ生まれているが，それは，『世界青年意識調査』の結果と考え合わせれば，必ずしも若者の選択ではなく，少子化の下で我が子を手放したがらない親の選択という要素も強いのではないかとも考えられる。このことは，少子化の進行とともに，新規高卒就職者の県内就職率が高まったことからも推測できる。また，親と同居する若者が増え，彼らの少なくない者が経済的に親に依存しているとすれば，それは，非正規雇用で働かざるを得ないなど，若者の雇用を取り巻く厳しい状況の下で，親と同居し，親の経済的補助無しには生活ができない若者が少なくないという社会・経済的実態の反映とみることもできる。

② 若者の働くことへの関心，意欲

若者の働くことへの関心，意欲の低下について，例えば，日経連の新規高卒就職者に関するアンケート（『高卒新卒者の採用に関するアンケート調査』2001年2月日本経営者団体連盟東京経営者協会）で，「高卒採用（応募）者に対する不満」をみると，『勤労観・職業観』『コミュニケーション能力』についての不満が30％を超え，高い割合になっている。

また，日経連の『企業の求める人材像についてのアンケート調査』（2004年11月日本経団連教育問題委員会）でも，『社会人として将来何をやりたいのか，夢や希望をもっている』『相手の意見や質問をきちんと踏まえた上で，自分の意見を相手に分かりやすく述べることができる』『自ら立てた目標に向けて粘り強く努力した経験を持つ』などの調査項目について，企業の「採用選考時の期待度」と「実際の学生の評価」とにギャップが大きいことが明らかになっている。

しかし一方，前掲の『世界青年意識調査（第8回）』から，「仕事を選ぶ際に重要視すること」についての調査結果をみると，日本以外の4か国では，『収入』が最も高い割合を示しているが，日本では，『仕事内容』(69.3%)，『収入』(67.8%)，『職場の雰囲気』(58.6%)，『労働時間』(46.2%) などの順になっている。この調査結果からすれば，各国の若者を取り巻く雇用環境が異なるので一概にはいえないが，我が国の青年は，職業選択にあたって，『収入』よりも『仕事内容』を重視していることや，他の国の若者に比べて『職場の雰囲気』や『自分を生かすこと』を重視しており，働くことへの関心や意欲といった情意面でのレベルの低さを読み取ることはできない。

　もし，企業が，日経連の調査結果などにみるように，我が国の若者の働くことへの関心や意欲に問題あるというのであれば，卒業の半年あるいは1年以上も前の早期採用選考による新規学卒者の大量一括採用などといった，他国に例を見ない異常ともいえる採用選考の在り方を改め，生徒学生が落ち着いた学校生活を送り，勤労観・職業観を養うことを含めて，十分な学習や活動の成果を収めることができる学習・教育環境を整える必要があると指摘したい。

(3) 環境の激変に対応できない学校教育

　新規学卒者の厳しい就職状況，失業者やフリーター等の増加といった若者の就業をめぐる状況，そして働くことへの関心や意欲の低下（但し，そのような情意的変化が本当に起こっているかどうかは不確かではあるが……）が，バブル崩壊後の経済の低迷，厳しい国際競争下での産業の空洞化，そして企業の雇用形態の変化（正規雇用の減少と一時的・臨時的な雇用の増加）といった変化に起因していることは疑う余地がない。しかしながら，学校教育にも責任無しとはいえないであろう。

　学校教育において，学校生活から学校生活及び社会生活への移行にかかわる指導は，これまで中・高等学校の進路指導として取り組まれてきた。

　顧みれば，昭和30年代半ば頃に，我が国は高度経済成長の時代に入り，新規学卒者に対する求人が増加し続けて，学校を卒業すれば就職できるということがあたりまえの時代となった。新規学卒者の恵まれた就職状況は，高度経済

成長が終焉して安定成長の時代に移行した以降にあっても変わることがなく，1982-83年にバブルが崩壊するまで続いた。昭和30年代以降，我が国の新規学卒者の労働市場は一貫して売り手市場であり，そのような状況が30余年にわたって続いたのである。

　このような進路状況は，当然のごとく学校の進路指導の在り方に大きな影響を与えた。すなわち中学校の進路指導は，上昇し続けた高校進学率の下で受験競争が過熱化して，業者テストに依存した進学指導に強く傾斜した。また，高等学校の進路指導は，狭き門であった大学進学を実現するために，学力向上を目指す進学指導に傾斜する一方で，就職指導は，就職希望者が少なくなかったにもかかわらず，学校を卒業すれば就職できることがあたりまえといった状況の下で，履歴書の書き方や面接の仕方に終始するといった状態に陥っていた。

　このような進路指導の実態は，1989（平成元）年に告示された中学校・高等学校学習指導要領で，「（在り方）生き方の指導としての進路指導」という進路指導の新たな理念が示され，進路先の選択の指導から（在り方）生き方の指導への転換が求められたが，バブル経済の好況期にあって高卒者や大卒者の就職をめぐる環境が極めて恵まれていたことから，中学校・高等学校から省みられることがなく，それらの進路指導が変わることはなかった。（その後，中学校の進路指導は，1993年の業者テスト問題から，「生き方の指導としての進路指導」の実践へと大きく舵が切られることになる。）

　そこで問題は，そのような状態にある学校進路指導が，既述の新規学卒者や若者の進路及び就業・雇用を取り巻く環境の変化に対応できなかったこと，また，10数年を経ても対応できておらず，そのことが新規学卒者の社会生活への移行や若者の職業生活・社会生活での自立を一層困難にしているということである。

第2節　我が国におけるキャリア教育前史

　「中教審答申」でのキャリア教育の提唱は，多くの学校教育関係者から驚きをもって迎えられた。それは，多くの学校教育関係者の間にキャリア教育につ

いての知識，理解がなかったからである。しかし，既述のように，キャリア教育は，早くから我が国に紹介され，進路指導の研究者や進路指導に熱心に取り組んでいた教師などには，よく知られた教育活動であった。また，キャリア教育は，1999（平成11）年まで中教審で取り上げられることはなかったものの，進路指導等に関わる国の指導行政においては，進路指導の改善・充実の視点などから，紹介されたり，その取組が奨励されたりするとともに，進路指導にかかわる学習指導要領の規定にも影響を与えるなどしていた。我が国においてキャリア教育は，「中教審答申」で唐突に提起されたわけではなく，そこにいたる系譜をもっているのである。本節では，それをキャリア教育前史として取り上げる。

1 『中学校・高等学校進路指導の手引き』第15集（昭和59年）

　文部省は，進路指導の普及と改善・充実のために『中学校・高等学校進路指導の手引き』（以下，『中・高校手引き』と略）を刊行していた。その第15集『体験的・探索的な学習を重視した進路指導―啓発的経験編―』は，「第6章　特色ある啓発的経験の指導の試み」で，アメリカにおけるキャリア教育を主導した教育局長官マーランドの1971年の演説，キャリア教育の意義と必要性，進路指導とキャリア教育との関連について記述するとともに，当時の中・高等学校におけるキャリア教育の実践を紹介している。

　我が国におけるキャリア教育の意義と必要性については，特に，青少年の勤労を尊重する意識の希薄化や仕事に生きがいを感じる度合いの低下を指摘した上で，望ましい勤労観・職業観を育成する観点から，勤労にかかわる体験的な学習の必要性，重要性を述べている。また，進路指導とキャリア教育との関連については，「進路指導とキャリア教育は極めて密接な関係にあり，我が国の学校教育における進路指導の一層の徹底を図るためには，キャリア教育の内容と，教育課程における位置づけを研究し，進路指導とキャリア教育の統合とその具体的な展開を検討する段階にきている」と述べている。さらに，この手引では，アメリカのキャリア教育の影響を受けてのことと推察されるが，以下の

表1.2 進路発達課題（例）

	進路発達目標	進路発達課題（例）	
小学校	自己と進路の理解	①自己像の形成と発展 ②勤労習慣の取得 ③職業概念の理解 ④職業人モデルの同一視	⑤人間関係技能の習得 ⑥自己の客観化の拡大 ⑦人間性の尊重
中学校	進路の探索と選択	①自己理解の明確化 ②人生設計立案責任の受容 ③暫定的進路計画の立案 ④啓発的経験の獲得	⑤教育・職業情報の収集，検討 ⑥進路選択過程の理解 ⑦自立の精神の確立
高等学校	進路の吟味と決定	①自己理解の現実吟味 ②好ましい生き方の自覚 ③進路計画の再検討 ④啓発的経験の深化	⑤教育・職業情報の選択的活用 ⑥進路の決定と過程の一般化 ⑦自己実現の能力・態度の確立

出所：文部省「中学校・高等学校進路指導の手引―啓発的経験編―」1984年

ように小学校段階からの「進路発達課題（例）」が示されている。

　当時，文部省は，アメリカのキャリア教育を例に挙げるなどしながら，早くから中学・高等学校の進路指導は，ただ単に進路選択の指導ではなく，生徒の進路発達を指導・援助する教育活動であると，全国の中学校，高等学校を指導していたが，必ずしも明確に進路発達課題を示していたわけではなかった。そのような当時の状況からすれば，進路発達課題が例示されたことは画期的なことであった。また，キャリア教育の推進が現実のものとなった今日の状況からみれば，我が国の学校進路指導が，一歩キャリア教育に踏み出した歴史的出来事として意味があることであろう。さらには，この発達課題（例）が，小学校で進路指導が取り組まれておらず，その必要性が認識されていなかった状況の下で，小学校段階での発達課題を示したことは画期的なことであったが，このことにもアメリカのキャリア教育の影響をみてとることができる。

2　理産審の『進路指導の改善・充実について―産業教育の改善に関する調査研究―』（昭和62年）

　1985（昭和60）年2月の「理科教育及び産業教育審議会答申」で指摘された検討課題について，文部省は，三つのグループを設けて調査研究を行った。そ

の一つ「職業教育に関連する諸条件の改善」グループの中に設けられた「進路指導部会」において，①進路情報資料の整備・充実，②進路指導室の整備・充実，③進路指導に関する教員研修の充実の3点が検討されるとともに，「進路指導は，『生き方』の指導とも深い関わりがあるので，上記①〜③のほかに，『④進路指導の望ましいあり方とその展開』について考え方を整理し，各学校における進路指導の具体的な取組を進める上での参考として示すこととした」として，以下の表1.3が示された。（当時，高等学校の職業教育，中学校の技術・家庭科及び中・高等学校の進路指導については，「理科教育及び産業教育審議会」で学習指導要領の改訂にかかわる審議が行われた。したがって，この調査研究は，平成元年の学習指導要領改訂のためのものであった。）

　この表について，『部会報告書』は，進路指導を「生き方の指導という観点から見直し，生徒の発達段階に応じた職業的発達課題を系統的に指導することが必要である」との趣旨から，「その指導内容例を示したものである」と説明している。つまり，この表は，アメリカのキャリア教育を参考に，児童生徒の発達段階に応じた職業的発達課題とその課題達成のための指導内容を，我が国の進路指導に即して体系化しようと試みたものである。横軸に示されている職業的発達課題は，アメリカ連邦教育局が1970年代に作成した「キャリア概念モデル」に基づいており，また，縦軸に示されている指導内容は，当時，文部省が『中・高校手引き』などで示していた進路指導の6領域である。

　この表が作成された意義は，前述した『中・高校手引き』で進路発達課題が例示されたことの流れを継承し，キャリア教育の視点から，それがより一層発展的にしめされたことにあろう。また，このことが肝心であるが，1987年におけるこのような進路指導の見直しが，1989（平成元）年に告示された中・高等学校学習指導要領において，進路指導が「人間としての生き方の指導」あるいは「人間としての在り方生き方の指導」として示され，学級活動・ホームルーム活動の指導内容が大幅に改善・充実される上での基礎的な作業となったということであり，我が国の進路指導をキャリア教育へと，その歩みを大きく進めることになったということである。

表 1.3　生き方の指導との関連を考慮した進路指導の指導内容例
――特に学級指導・ホームルームを核にして――

発達課題	小学校			中学校			高等学校		
	職業的自覚			職業的方向づけと探索			進路の具体化と特殊化とその集中的な準備		
	4学年	5学年	6学年	1学年	2学年	3学年	1学年	2学年	3学年
自己理解	自分の長所・短所	自分の特徴	自他の特徴－相互理解	自分の特徴－興味・関心	自分の能力・適性	自己の存在意義と適性の深化	自己の特徴の吟味	能力・適性の再確認	個性・適性と自己の具体化と自己実現
職業・進路先理解	家の人の仕事	身近な仕事	色々な職業	働く人々の理解	職業の世界・産業や分類ぶった職業分類や上級学校などの制度・機会の理解	職場・上級学校な校・進路先の理解	産業と職業・職業分類と上級学校の制度化・国際化・上級学校について	職業生活の吟味・新しい職業・上級学校（大学・短大・専修学校等）卒業後の進路先について	職業と職種・上級学校（大学・短大・専修学校等）卒業後の進路先について
啓発的経験	家事の手伝い・事前・事後	身近な人々の手伝い・事前・事後	地域の色々な活動の参加・事前・事後	工場見学のために ※工場見学 工場見学をおえて	職場見学のために ※職場見学 職場見学をおえて	上級学校体験学習・上級学校入学のために ※上級学校体験入学 上級学校体験入学をおえて	勤労体験学習のために ※勤労体験学習 勤労体験学習をおえて	職業的体験学習のために ※職業的体験学習 職業的体験学習をおえて	職場実習のために ※職場実習 職場実習をおえて
職業観の育成				人と仕事・勤労の尊さ	働くことと仕事・職業観・勤労観		生きがいと仕事・生き方の自覚	青年期の生き方と職業観・仕事と家庭生活	青年期の生き方と職業1仕事と人生2生きがい
進路の設計	わたしの夢	夢と希望	夢と進路	進路と希望	進路計画とその検討	進路の選択	進路設計・再検討	進路計画の深化	進路の決定
進路先への適応		中堅学年の心構えとしての自覚	高学年の心構え・中学生活への心構えの充実	新しい中学校生活への出発	中堅学年としての自覚	明るい将来としての自覚	新しい高校生活への出発	高校生活の充実・発展	明るい将来への準備・出発

注：これは、アメリカの連邦教育局を中心に1971年以降推進されている「キャリア教育」の考え方を参考にしながら、我が国の実態にあわせて小学校高学年から高等学校にわたる系統的な指導内容について検討したものである。各学校の生徒の実態などをふまえて、それらの内容がさらに展開できる時数を設けることが大切である。なお、連邦教育局の定義では、「キャリア教育」とは、人がどのように生きていくかに役立つ学習、人の人の生活様式の一部として仕事に従事することに備える経験の総体とされる。
出所：文部省「進路指導の改善・充実について――産業教育に関する調査研究――」1987年

3 進路指導にかかわる中学校学習指導要領の変遷と平成元年の学習指導改訂の意義

　我が国の進路指導の歩みは，キャリア教育の推進が図られている現在から振り返れば，キャリア教育への歩みでもあったともみえる。特に，前項でみた理産審の調査研究，それに続く平成元年における学習指導要領の改訂は，その理念において進路指導からキャリア教育への一大転換点であった。また，その理念の転換が，1999（平成11）年の「接続答申」でのキャリア教育の提言への道を開いた。そこで，以下，我が国の戦後における進路指導の歩みを，中学校学習指導要領の進路指導に関する規定から概括した上で，1989（平成元）年における学習指導要領の改訂の意義を考えることとしたい。

(1) 戦後における中学校進路指導の歩み

　我が国の進路指導は，1927（昭和2）年に文部大臣訓令で職業指導として学校に導入されたことに始まるが，1951（昭和26）年の学習指導要領（試案）でも，高等学校進学率が50％に達しないといった進路状況の下で，職業指導として教科・「職業・家庭科」の学習内容に位置付けられていた。

　職業指導として始まった中学校進路指導は，その名称，学習指導要領での取扱い，そして，その理念において，三つの転換点があった。

　第1の転換は，1958（昭和33）年の中学校学習指導要領で，名称が職業指導から進路指導に変わったことである。これは，高校進学率が1954（昭和29）年に50％を超え，中学校卒業者の進路が多様化したことによっている。とはいえ，中学校卒業後，就職する者が少なくない状況であったことから，進路指導に関する学習指導要領の規定は，就職を希望する生徒への指導にも十分配慮した内容になっている。また，進学を希望する生徒についても，「戦後は終わった」とはいえ，高度経済成長が始まる前で，高校等卒業後の就職が必ずしも恵まれた状況になかったこと，また，大学等への進学率が低かったことなどを反映して，「上級学校や学校以外の教育施設などについては，将来の職業との関連を中心にして，それらの内容を理解すること」としている。

　第2の転換は，1969（昭和44）年の中学校学習指導要領で，総則に「個々の

生徒の能力・適性等の的確な把握に努め，その伸長を図るように指導するとともに，適切な進路の指導を行なうようにすること」と，進路指導に関する規定がなされ，進路指導の教育活動としての位置付けが，より明確になったことである。

　第3の転換は，平成元年の中学校学習指導要領の総則で，「生徒が自らの生き方を考え主体的に進路を選択することができるよう……」と規定され，進路指導の新たな理念が示されたことである。

(2) 平成元年の学習指導改訂の意義

　「生徒が自らの生き方を考え主体的に進路を選択することができるよう……」という中学校学習指導要領の総則の規定は，進路指導の新たな理念を提示したものであり，進路指導からキャリア教育へと，大きく進路指導の在り方の転換を図るものであった。

　この規定が提示した進路指導の新たな理念は二つある。一つは，進路指導が生き方の指導であるという理念である。今一つは，生き方を考え進路を選択するのは，あくまでも生徒自身であるという理念である。後者については，これまであまり指摘されてこなかったことであるが，総則の規定について，1989（平成元）年とそれ以前（1977年）とを対照（25頁参照）すれば，一目瞭然である。両者の規定はともに，「進路指導を行う」の主語は教師であるが，平成元年の規定の前段の記述「生徒が……選択することができるよう」の主語は生徒である。これに対して，1977（昭和52）年の規定の，「的確な把握に努め」の主語も，「その伸長を図るように」の主語も教師であり，この規定に生徒が主語の記述はない。

　そして，大切なことは，「生徒が自らの生き方を考え，主体的に進路を選択することができるよう……」という規定に含まれる二つの新たな理念がキャリア教育の理念につながるということである。すなわち，「生き方」とは，キャリアの定義でいうところの「生涯にわたって遂行する様々な立場や役割」を，いかに選択し，担うのかということ，言い換えれば，生徒がいかに自己のキャリアを形成するのかということだからである。また，「主体的に進路を選択す

─── 平成元年の総則規定 ───	─── 昭和52年の総則規定 ───
生徒が自らの生き方を考え主体的に進路を選択することができるよう，学校の教育活動全体を通し，計画的，組織的な進路指導を行うこと。	学校の教育活動全体を通じて，個々の生徒の能力・適性等の的確な把握に努め，その伸長を図るように指導するとともに，計画的，組織的に進路指導を行うようにすること。

ることができるよう」には，生徒の選択能力・態度の成長，発達，つまり，生徒のキャリア発達を内包しているからである。このような意味で，1989（平成元）年の中学校学習指導要領の総則の規定は，進路指導からキャリア教育へと，大きく進路指導の在り方の転換を図るものであったといえるのである。

4　『産業社会と人間』（1993年）

　科目「産業社会と人間」は，1994（平成6）年度から開設が始まった高等学校総合学科において，入学年次における原則履修科目とされた。現行及び新しい高等学校学習指導要領で，「産業社会と人間」は，学校設定教科の科目として示されているが，総合学科の入学年次における原則履修科目という，総合学科での教育課程上の位置付けは変わっていない。

(1)　総合学科及び『産業社会と人間』設置の経緯

　総合学科は，1991（平成3）年4月の第14期中央教育審議会答申『新しい時代に対応する教育の諸制度の改革について』で，「普通科と職業学科とを統合するような新たな学科を設置することが適当と考えられる」と，その設置が提言された。その後，この答申を受けて文部省初等中等教育局に設けられた「高等学校教育の改革の推進に関する会議」（以下，「改革推進会議」と略）での検討，報告（第4次報告『高等学校教育の改革の推進について－総合学科について－』平成5年2月）に基づいて，「普通教育及び専門教育を選択履修を旨として総合的に施す学科」（高等学校設置基準）として，1994年度から開設された。

　教育課程をはじめ，総合学科の教育の在り方を検討し，決定した「改革推進会議」の審議において，生徒が普通教育の教科・科目及び専門教育の教科・科

目から，幅広い選択が可能な教育課程を適切に運用するためには，生徒の選択能力の育成が不可欠であるとの指摘がなされた。それは，アメリカの総合選択制高校において，生徒の科目選択が，学習内容が易しい科目や単位の取得が容易な科目の選択など，安易な選択に流れる傾向があって，選択制が必ずしも十全に機能していない，つまり，生徒に選択能力がなければ，幅広い選択が可能な教育課程は十分には機能しないという指摘であった。それが意味するところは，この問題の解決なくしては選択を旨とする総合学科は成立しないということである。その指摘を受けて，生徒の選択能力をどのように育成するかということが，総合学科の設置の根幹に関わる課題として，議論の焦点となった。

その課題を解決するための方策の一つが，生徒に選択能力を養うための科目・「産業社会と人間」を設け，この科目を総合学科の入学年次における原則履修科目とすることであった。

この科目の目標，内容（項目のみ）を「改革推進会議」の報告からみると，以下のとおりである。

① 目標
　自己の生き方を探究させるという観点から，自己啓発的な体験学習や討論などを通して，職業の選択決定に必要な能力・態度，将来の職業生活に必要な態度やコミュニケーション能力を養うとともに，自己の充実や生きがいを目指し，生涯にわたって学習に取り組む意欲や態度の形成を図る。
　また，現実の産業社会やその中での自己の在り方生き方について認識させ，豊かな社会を築くために積極的に寄与する意欲や態度の形成を図る。
② 内容
ア　職業と生活
　(ｱ)　職業の種類とその特徴に関すること
　(ｲ)　職業生活と法律等に関すること
　(ｳ)　勤労・職業の意義と望ましい勤労観・職業観に関すること
イ　我が国の産業の発展と社会の変化
　(ｱ)　科学技術の発達に伴う産業の発展と社会の変化に関すること
　(ｲ)　産業の発展と日常生活の変化への影響に関すること

ウ　進路と自己実現
　　(ｱ)　職業と自己の特性に関すること
　　(ｲ)　自己の特性と進路に関すること

(2)　「産業社会と人間」とキャリア教育

　現行及び新高等学校学習指導要領においても，科目設置の趣旨は引き継がれ，「産業社会と人間」は総合学科の入学年次における原則履修科目とされているのであるが，同時に，総合学科以外の学科でも履修可能にするために，学校設定教科に関する科目とされている。また，「産業社会と人間」の学習の目標，内容も，現行及び新高等学校学習指導要領に引き継がれているといえる。すなわち，現行及新高等学校学習指導要領は，この科目の目標を「産業社会における自己の在り方生き方について考えさせ，社会に積極的に寄与し，生涯にわたって学習に取り組む意欲や態度を養うとともに，生徒の主体的な各教科・科目の選択に資するよう」と示すとともに，「次のような事項について指導することに配慮するものとする」として，「社会生活や職業生活に必要な基本的な能力・態度及び望ましい勤労観，職業観の育成」，「我が国の産業の発展とそれがもたらした社会の変化についての考察」，「自己の将来の生き方や進路についての考察及び各教科・科目の履修計画の作成」を指導内容として示している。また，指導上の留意事項ともいうべき事柄として，「就業体験等の体験的な学習や調査・研究を通して」指導することとしている。

　この科目の学習を通して，生徒は，将来，社会人・職業人として自立するために必要な能力・態度及び勤労観・職業観を身に付けるとともに，変化して止まない社会にあって，どのように生き方，進路を選択すべきかを考え，その上で，今，学校で何を学ぶべきか，学ばなければならないかを理解し，自分の学習計画（履修計画）を立てるのである。

　以上のように，現行及び新学習指導要領が示す「産業社会と人間」の目標，内容等は，1993年の「改革推進会議」の報告で提案された「産業社会と人間」の目標，内容と大きく異なることがなく，しかも，キャリア教育が目指すところや，その実現のために期待されている指導内容にふさわしいものであること

が分かる。ということは，既に，1993（平成5）年にキャリア教育の目標，内容と軌を一にする科目が構想され，実施されていたということである。

　既述のように，「産業社会と人間」が総合学科の科目として初めて示されたのは1993年の「改革推進会議」の報告においてであり，また，現行高等学校学習指導要領が告示されたのは1999（平成11）年3月であって，いずれも「中教審答申」が出された1999年12月以前である。このことから，1993年の「改革推進会議」の報告に基づいて開発され，1994年に総合学科で設けられた「産業社会と人間」の目標，内容等がキャリア教育にふさわしいものとなっているのは偶然のようであるが，そうではない。「産業社会と人間」は，キャリア教育の推進を提言した「中教審答申」の6年も前に開発され，実施されたのであるが，その際，参考の一つにされたのは，昭和50年代の後半に文部省の研究開発学校の指定を受けて，高等学校普通科におけるキャリア教育のカリキュラム開発に取り組んだ広島県立河内高校の研究実践の成果である『職業基礎Ⅰ』『職業基礎Ⅱ』であった。「産業社会と人間」は，我が国におけるキャリア教育の先行的な研究実践に基づいて開発された科目であり，それゆえにキャリア教育にふさわしい指導目標・内容等となっているのである。

5　「職業教育及び進路指導に関する基礎的研究」（1998年）

　2001（平成13）年の省庁再編とそれに伴う各省庁の組織改編以前においては，初等中等教育局職業教育課が中・高等学校の進路指導を担当していた。職業教育課が抱えていた一つの課題は，課が担当している職業教育や進路指導の基礎的研究が不足しており，それが課の施策立案や指導行政に一定の限界をもたらしていたことであった。具体的には，進路指導に関わっては，それが〈在り方〉生き方の指導であり，中・高等学校の発達段階にある生徒の進路発達課題の達成を指導・援助することに他ならないとされていながら，中・高校生の進路発達課題とはどのようなものであるのか，したがってまた，それらの発達課題を達成するためには，どのような能力を育成すべきかなどについては，既述のように，1984年発刊の『進路指導の手引』で提案されてはいたが，それが必ず

しも我が国の学校制度や児童生徒の実態等に則しておらず，その意味で十分に明らかにされているとは言い難かった。そのような問題意識から，1996年当時の職業教育課長は，仙﨑武文教大学教授（当時）に，職業教育及び進路指導に関する基礎的な調査研究を委託した。仙﨑教授は，渡辺三枝子筑波大学心理学系教授（当時）を座長とする進路指導分科会と吉本圭一九州大学教育学部助教授（当時）を座長とする職業教育分科会とを組織して調査研究を行った。

　進路指導分科会の基礎的研究は，その後のキャリア教育の推進に寄与する成果を生んだ。中でも次の2点はキャリア教育の推進に大きく寄与した。

　一つは，進路発達プログラムの構造化にあたっての中核概念として，competency（能力＝ある課題への対処能力）を導入し，また，プログラムで育成すべき能力（competency）領域として「キャリア設計能力領域」「キャリア情報探索・活用能力領域」「意思決定能力領域」「人間関係能力領域」を提案したことである。今一つは，「キャリア発達能力の構造化モデル」と，それに基づく小学校から高等学校までの12年間にわたる「進路指導活動モデル」を作成，提案したことである。

　これらの提案のキャリア教育への寄与は，後に，「進路指導活動モデル」を基に，『国研報告書』の「職業観・勤労観を育む学習プログラムの枠組み（例）―職業的（進路）発達にかかわる諸能力の育成の視点から―」が作成，提案されたこと，また，このプログラムで育成が提案された4能力「人間関係形成能力」「情報活用能力」「将来設計能力」「意思決定能力」が，基礎的研究で育成すべき能力領域として提案された「キャリア設計能力領域」「キャリア情報探索・活用能力領域」「意思決定能力領域」「人間関係能力領域」を基にしていることにある。

第3節　キャリア教育の定義と目標

　前節で述べたように，「キャリア教育」という言葉は，昭和50年代初頭には，すでに当時中学，高等学校における進路指導に携わっていた人々には紹介され

ていた。そして，キャリア教育，およびその背景にあるキャリア発達的な考え方の影響を受けて，進路指導を，単なる進学・就職先の指導援助，いわゆる出口指導ではなく，「生徒のあり方生き方を指導することを目的とする」と，定義づけるようになった。その影響をうけて，地域によっては，「進路学習」という言葉を用いるようにもなった。しかし，当時の状況では，キャリア教育は日本の学校教育に正式に導入されたわけではなく，ごく一部の人々の間で進路指導のなかで実行するにとどまっていた。

日本において，「キャリア教育」という文言が，文部科学行政関連の報告で，初めて登場したのは1999（平成11）年である。同年12月に中央教育審議会が「初等中等教育と高等教育との接続の改善について」答申したが，その答申の第6章「学校教育と職業生活との接続」のなかの，「学校教育と職業生活の接続の改善のための具体的方策」として，「キャリア教育」が取り上げられたのである。具体的に引用すると，「学校と社会及び学校間の円滑な接続を図るためにキャリア教育を小学校段階から発達段階におうじて実施する必要がある。キャリア教育の実施に当たっては家庭・地域と連携し，体験的な学習を重視するとともに，学校ごとに目標を設定し，教育課程に位置付けて計画的に行う必要がある。」と提言されている。

その答申を受けて，キャリア教育の具体化に向けて，いくつかの研究委員会が設けられ，研究指定地域での試行的実践が実施され，キャリア教育の定義とその目標等の具体的な提言がなされたのである。なかでも2002（平成14）年に設置された「キャリア教育の推進に関する総合的調査協力者会議」がまとめた報告書（以下，「報告書」と呼ぶ）において，キャリア教育の実践の基礎的枠組みが提示された。

1　キャリア教育の定義

上述の「報告書」（2002）では，「キャリア教育」を次のように定義，その意義をつけている。

「キャリア教育とは『キャリアの概念』に基づいて，児童生徒一人一人

のキャリア発達を支援し，それぞれにふさわしいキャリアを形成していくために必要な意欲・態度や能力を育てる教育である。」(p. 7)

さらに，2006年に文部科学省が作成した「キャリア教育推進の手引き」(以下,「手引き」)では，「報告書」の定義をさらに発展させ，定義及び目標を次のように解説している。すなわち,

「子どもたちが『生きる力』を身につけ，社会の激しい変化に流されることなく，それぞれが直面するであろう様々な課題に柔軟にかつたくましく対応し，社会人，職業人として自立していくことができるようにする教育であり……，『学ぶこと』と『生きること』を関係つけながら，子供たちに『生きることの尊さを実感させる教育であり，社会的・職業的自立に向けた教育である』」と（5ページ）。

言い換えると，キャリア教育とは，児童生徒が，将来，社会人・職業人として自立的に生きていくために必要な能力や態度・意欲を段階的に発達させることを目標とする教育改革の理念であって，キャリア教育とよばれる特別の活動やプログラムを創設することではない，と言えよう。

さらに，手引では，各学校がキャリア教育に取り組む意義を次の3点に要約している。すなわち，キャリア教育は,

① **教育改革の理念であり，方向性を示す考え方である**：一人一人のキャリア発達やこの自立を促す視点から，従来の教育のあり方を幅広く見直し，改革していくための理念と方向性を示すもの。

② **子どもたちの「発達」を支援することを目指す**：キャリアが子どもたちの発達段階やその発達課題の達成と深く関わりながら段階を追って発達していくことを踏まえ，全人的発達を促す視点で積極的な取り組みを積極的に進めること。

③ **教育課程の改善を促す**：子どもたちのキャリア発達を支援する観点に立って，各領域の関連する諸活動を体系化し，計画的，組織的に実施することができるよう，各学校が教育課程編成の在り方を見直していくこと。

以上の3点から明らかなように，キャリア教育は全教職員が関わることによ

って実現されるのである。

2 キャリア教育の目標

上述した定義から，キャリア教育の目標はいろいろの角度から論じることができる。

① 児童生徒が将来社会人，職業人として自立できるようになることを最終的な目標とする。

　キャリア教育は，児童生徒が将来，社会人，職業人として自立していくため，「いま」育てておかなければならない基礎的能力・態度を全教育活動を通して育てることを目標としているといえる。

そのために，教師一人ひとりは

② この目標を達成するために，キャリア発達的視点に立って，各学校が，全教育課程の在り方および内容を改善することを目標とする。

③ 「学ぶこと」と「働くこと」そして「生きること」を関連付けられるように働きかけることを全教育活動の中で実践することを目標とする。

さらに，具体的な取り組みにおいては，

④ 児童生徒がそれぞれのキャリア発達課題（職業観・勤労観の発達を含む）を達成することを目標とする。

職業観・勤労観の育成とは，「自分にとっての働くことの意味を考えられる」ことの大切さと「それを考えるための力を育てる」ことを意味する。生徒の時代は学ぶ意味を見つけ，学ぶことに挑戦する力と態度を意味し，それらの力と態度は将来自己責任を問われる年齢に達したとき，様々な困難や人生の節目に遭遇したときに直面する『何のために働くのか』という問いに，自分なりの答えが出せるようになる基礎的な力と態度となると考えるのがキャリア教育である。最後に，キャリア教育を考えるとき我々教師に課せられた任務は「生徒にとっての学ぶこととは何か」を真剣に考えることである。

3 「キャリア」の意味

　キャリア教育が職業教育とか職業体験などと混同されることが多いのは,「キャリア」という言葉に起因すると考えられる。したがって,キャリア教育の定義とその目標を理解し,さらに学校現場で,キャリア教育に取り組むためには,「キャリア」という言葉の意味を正確に把握しておくことは不可欠である。上述したキャリア教育の定義のなかで,「キャリアの概念にもとづいて」,そして「キャリアを形成するため」という文言があることに気づかれたであろう。この文言を理解していないと,キャリア教育の実践は至難となることは明らかだからである。

　日本社会においては,「キャリア」という言葉は,職業と同意語,あるいは,専門的職業,職業経歴などの意味で,日常語として普及しているし,一般的な雑誌やマスコミのコマーシャルなどでも,日本語のようにごく普通に用いられている。そのため,改めて,職業（occupation）や職務（job）との違いを問いなおしたり,その意味を考える必要がないと思われがちである。そこにキャリア教育の理解を困難にする原因があると思われる。キャリアという言葉の語源はギリシャ時代にさかのぼるが,時代の変遷とともにその用いられ方は変化してきている。そして,20世紀に入ってからは,エリート官僚や,キャリアウーマンという言葉に代表されるように,専門分野を持ち,職業を生活の中心とした生き方を指したりしている。そこでは,キャリアアップという和製英語に象徴されるように,上昇志向をする職業生活とか,出世の階段を上る職業生活という意味を内包していることが暗黙の了解となっているようである。

　実は,1970年以降,アメリカを中心として,キャリアについての研究が飛躍的に進み,多くの研究者が,それぞれの見解を発表した。その代表的なものを以下に紹介しておく。

　たとえば,キャリア教育の理論的根拠となったキャリア発達理論の提唱者であるスーパー（Super, 1976）は,「個人の生涯にわたって自己関与することの表現として職業及びその他の様々な役割の連続であること,そして,キャリアは,個人がそれを追求することによってのみ存在するのである」と説明している。

また，直接キャリア教育には関係ない研究者として，たとえば，マクダニエルズ（McDaniels, 1978）は，ライフスタイルの一概念という解釈をしており，個人が生涯にわたって様々な仕事や活動にかかわってきた様相と定義している。また，アーサー，ホール，ローレンス（Arthur, Hall, & Lawrence, 1989）は，「個人が長年にわたって積み重ねた働く体験の連続」と，また，ハー，クレーマー，ナイルズ（Herr, Cramer, & Niles, 2004）は，「個人が生涯の中で経験する『何を選び，何を選ばないか』によって創造されるダイナミックな個人の人生」と説明している。

　以上の定義に共通している概念は，
① 積み重ねられた体験の連続
② 生涯という長期にわたる時間的な流れ
③ 職業だけでなく様々な活動への「個人のかかわり」
④ 意思決定の連続，である。

　直接キャリア教育には関与していないが，昨今の産業構造の変化が個人に与える影響を展望したうえで，これからのキャリア形成を考えるために必要なキャリアの概念として，ホール（Hall, 2002）はキャリアを次のように説明している。
① キャリアとは成功や失敗，早いとか遅いとかを意味するものではない。
② キャリアにおける成功や失敗は，キャリアを歩んでいる本人によって評価されるのであって，研究者，雇用主，配偶者，友人といった他者によって評価されるものではない。
③ キャリアは行動と態度から構成されている。
④ キャリアはプロセス（過程）であり，仕事に関する経験の連続である。

　研究者によって表現は様々であり，一見みな異なるかのようであるが，基本的には，「個人が，仕事や職業とかかわることをとおして築いてきた個人の経験の世界，すなわち，働くことを通して築かれてきた個々人の生き様を指している」（Savickas, 2005）ことでは共通している。

　キャリアの意味の理解を深めるために，教員にとって最も身近な職業である「教師，教職」を取り上げて，キャリアを考えてみたい。「教師，教職」は職業

名 (occupation) の一つである。そして，一人ひとりの教師が，教職という職業を通して築いてきたその人の人生，言い換えれば，職業人生が「キャリア」である。同じ教師という職業についても，その職業に対する意味付け，価値づけは人によって異なる。また，教師生活のなかで経験した葛藤（たとえば，家庭生活での葛藤，上司や同僚との葛藤，児童生徒や保護者との葛藤，自分の希望や能力，将来の展望との葛藤等々）とその対処の仕方，また教職を通して出会った人々，新たに発見した自分の個性や，教師生活の中で遭遇した節目の時期とその対処，そして，今後の教師としての生き方の展望などは，教師一人ひとりみな異なる。教師という職業に就いている人はたくさんいるが，その職業に対する価値観や意味付けが同一ではないし，職業生活の送り方を共有しているわけではない。まさに教師は一人ひとり，一人の人間として，職業と独自のかかわり方をしているのであり，その結果独自の職業生活（キャリア）を築いているのである。

　また，キャリアは単に職業生活だけでなく，「職業生活以外の生活（家庭生活，市民生活，余暇生活など）が相互に影響しあっている」という現実に焦点を当てる概念である。言い換えれば，個人の生活の中から職業生活だけを取り出して，その意味を問うのではなく，個々人の全生活の中に位置付けて職業生活の意味づけをする (Super, 1980)。

　さらに，「キャリア」という英語は，動詞としては「前進する」とか「疾走する」という意味を含んでいる（金井，2001）。要するにキャリアは職業という意味とは違って，「前進するという動き」と「時間的経過」，つまり「時間の流れとともに変遷する」という意味を内包しているわけである。因みに，「前進」とは上昇という方向性だけを意味しない。「前や横に向かって，今よりも先に進む」という意味であることを強調しておきたい。この「動き」の概念は第3章で説明する「発達的視点」と相通ずるのである。

　以上のような研究者のキャリアのとらえ方は，2004年に文部科学省が発行した「報告書」のなかの「キャリア」の説明にも反映されている。ちなみに，報告書では，次のように定義している。

　「キャリアが，『個人』と『働くこと』との関係の上に成り立つ概念であり，

個人から独立して存在しえないということである。また,『働くこと』については, 今日, 職業生活以外にも, ボランティアや趣味などの多様な活動があることなどから, 個人がその職業生活, 家庭生活, 市民生活等の全生活の中で経験する様々な立場や役割を遂行する活動として, 幅広くとらえる必要がある。こうしたことを踏まえて, ……キャリアは, 個々人が生涯にわたって遂行する様々な立場や役割の連鎖およびその過程における自己と働くこととの関係づけや価値づけの累積としてとらえている。」(7ページ)

【鹿嶋 研之助（第1, 2節）／渡辺 三枝子（第3節）】

引用文献

金井壽宏（2001）「キャリア支援の課題：学校から社会への節目になにができるか」『第1回 GCDF Japan　キャリアディベロップメントカンファランス報告書』

文部科学省（2004）「キャリア教育の推進に関する総合的調査研究協力者会議報告書～児童生徒一人一人の勤労観, 職業観を育てるために～」

文部科学省（2006）「小学校・中学校・高等学校　キャリア教育推進の手引－児童生徒一人一人の勤労観, 職業観を育てるために－」

Arthur, M. B., Hall, D. T., & Lawrence, B. S. (Eds.) (1989) *Handbook of career theory*. Cambridge: Cambridge University Press.

Hall, D. T. (2002) *Careers in and out of organization*. California: Sage.

Herr, E. L., Cramer, S. H., & Niles, S. G. (2004) *Career guidance and counseling through the lifespan* (6th Ed.). Boston Mass: Allen & Bacon.

McDaniels, C. (1978) The practice of career guidance and counseling. *UBFORM*, 1-2, 7-8.

Savickas, M. L. (2005) The theory and practice of career construction. In S. Brown & R. W. Lent (Eds.), *Career development and counseling: Putting theory and research to work*. Hoboken, NJ: John Wiley & Sons, 42-70.

Super, D. E. (1976) Career education and meaning of work. Monographs on career education. Washington, D. C.: the Office of Career Education. U. S. Office of Education.

Super, D. E. (1980) A life-span, life-space approach to career development. *Journal of Vocational Behavior, 13*, 282-298.

第2章　キャリア教育の理論的及び歴史的背景

　この章では，キャリア教育が行われることになった必然性を理解するために，まず「発達」の視点がなぜ必要かを述べる。キャリア教育はキャリア発達を支援するものであることから，その視点と，骨子となる代表的な理論を理解することは重要である。続いて米国と英国でキャリア教育がどのような経緯で始まり，その後どのような道を歩んでいるかを述べ，後発の我が国が今後どのように取り組んでいけばよいかを考えたい。

第1節　発達の視点で見る重要性

1　マッチングを念頭に置いた理論とその弊害

　初期の職業指導は，職業を選ぶ側の人の特性に，その時点で合致した職業を斡旋するタイプの「マッチング（適合）」や「プレースメント（人材配置）」に力点があった。その立場を最も初期にして最もわかりやすく定式化したものがパーソンズの特性因子論（Parsons, 1909）である。彼は，より良い職業選択をもたらす三つのステップを次のように述べている。

① あなた自身，そしてあなたの適性，能力，興味，なしとげたいこと，才能，限界，そしてそれらの原因を明確に理解すること。
② さまざまな系統の仕事にはどのようなことが求められているのか，また成功する条件は何か，長所と短所はどんなところか，給料の額はどれだけか，昇進の見込みはあるか，将来性はどうかといったことを知ること。
③ これら2組の要因間の関係を適切に推論すること。

　ここでわかるように，この特性因子論は，「選択する時点」でのマッチング

を重視している。しかしそれでは,職業の特性が時代によって変化し,人もまた年齢や経験を経ることで変わっていくことに対応ができない。例えば銀行員という職業は,1997年11月に北海道拓殖銀行が経営破綻するまでは,公務員にも匹敵するほど安泰と言われたものであった。しかしそれ以降,盤石といわれた数々の都市銀行ですら吸収・合併によって名前が消えていく事態となり,現在では銀行員をかつてほど安泰な職業と考える人はいない。あるいは教師という職業も,保護者や子どもに慕われ,社会的評価が高かった時代と比べて,現在はずいぶんと様変わりしている。他方,人の側も就職前後の数年間で大きく変わり得ることも論を俟たないであろう。このように,人も職業側も変化していくのがふつうであるならば,選択する時点でのマッチングを考えるあり方は,実態に合わないと考えられる。

2 選択過程を発達的に捉える意味

それに対して,職業選択の過程を発達的に捉えたのがギンズバーグ(Ginzberg, E.)とスーパー(Super, D. E.)である。職業選択がそれまで1回かぎりの出来事と捉えられていたのに対して,ギンズバーグとスーパーらの研究では,データを収集した11歳から21歳までの全期間にわたって選択が行われていることが見出され,職業選択においてその発達過程に着目することが強調された。例えば彼らが分析した21歳までの年齢層は,①衝動や欲求が重要な役割を果たす「空想的選択の時期」(0～11歳),②興味・能力・価値・移行が重要な「試行的選択の時期」(11～17歳),③機会・限界といった現実的な要素が大きく影響する「現実的選択の時期」(17～21歳)という発達段階に分けられるという。

こうした区分は,後に示すようにスーパーも少し異なったものを提案しているので,この区分そのものの妥当性はおいておきたい。それよりも,このように年齢段階で職業選択を捉えることにはどのような意味があるのであろうか。言い換えれば,特性因子論的なマッチングによる職業斡旋のあり方に対して,どのような反論を投げかけているのであろうか。

それはまず第1に,適切な選択や適応のためには,知識や認識,態度や技能,

行動様式などが一定の成長を遂げている必要があるとの認識に立つことである。「早期離職率が大卒者でも3年間に3割」という問題に見られるように，人は放っておいてはこうした成長をスムーズにはなし得ない。したがって，いくら職業選択を行う年齢になったからといって，そのような成長の程度を確かめることなくマッチングを行っては，良い選択や就職後の適応には結びつかない。選択を行おうとする人の発達が十分なものでなければ，その発達を支援することも含めて指導や相談の内容を考えなければならない。裏を返せば，子どもの頃から職業に対する予備的な選択が段階的に進行していることから，その発達がスムーズに進行するような，あるいはその発達に合わせた支援が求められるということでもある。

　第2に，選択や就職した後の発達も考慮しなければならないことである。上述の発達段階は選択までのものであるが，後に紹介するスーパーの理論に見られるように，選択・就職後においても人と職業の関わり方は変化する。例えば，就職直後は個人の理想や思い入れが強いために組織や規則のなかで仕事をするうえでのルールや流儀とぶつかり，いわゆるリアリティ・ショックに悩まされることがあっても，中堅になる頃にはそうした仕事の進め方にも順応し，所与の枠のなかで自分らしい仕事の進め方を模索するようになる。したがって選択する時点で「最も適合した職業」といっても，それはその後のその人と職業との関わりを考慮していないものとなる。

　第3に，職業への適応を考慮するならば，それは同時に職業以外の人生上の役割への適応も考えなければならないことである。前段落に述べたように，人と職業の関わりは就職後にも移り変わるものであるが，成人期以降では職業人以外の役割も多重的に負うのがふつうである。すなわち，夫・妻として，また父・母として家庭や子どもの問題に関わり，また自分の親にとっては依然として子どもであり，介護などの問題も生じてくる。さらには地域での役割も与えられよう。このような職業人以外の役割をどのように果たすかは，職業人としての役割の果たし方と密接に関わる。例えば仕事で休日も忙しく過ごす人は家族との関わりや自分の時間の持ち方が大きく制約される。あるいは強く望む「生

き方」がある人は，選択する職業にも一定の制約がかかる。そしてこうした双方の役割の果たし方は，年齢によっても変化する。とすると，就職前の一時点におけるマッチングに目を奪われていては，就職後の成人期以降の役割の果たし方，すなわち「生き方」を，知らず知らずのうちに，場合によっては不本意なものを背負わせてしまうことになる。

3　キャリア発達とキャリア教育

　ギンズバーグが提唱した発達段階に見られるように，人は適切な進路選択ができるようになるまでに長い道のりをたどる。それはひとりでにできるようになるものではなく，進路指導などの支援によって適切に導かれて実現するものである。例えば，大学3年の秋・冬においてもなお，進路意思決定ができない大学生は，自身の進路を探索する行動が十分に行えていない（若松，2006）。しかし意思決定ができた学生においても，情報を収集したり，実際に話を聞いたり試行体験をするといった行動は十分な量ではないことがわかっている。インターネットの普及に代表されるように，これだけの情報社会になっても，進路選択に必要な情報収集は難しいのである。いや，これだけ情報があふれている世の中だから逆に難しいとも言える。さらには選択のための指導だけでなく，進路指導はその後の適応のための指導も重要である。例えば働くという行為は，自分の快や満足よりも，その時々の職務の着実な遂行を優先させなければならないし，立場や年齢が異なる人々と適切にコミュニケーションがとれなければならないが，長く生徒・学生という受け身の立場しか経験していない若者には難しいことである。以上のような，選択と適応それぞれのための成長を《キャリア発達》と呼ぶ。ギンズバーグの発達段階もキャリア発達の段階に他ならない。またそれは前項に述べたように就職後も一生続くものであるし，人生上の職業以外の役割とも関わってくる。

　キャリア発達は，生涯にわたって続くものであり，また上級学校への進学や労働社会への参入という大きな環境移行をスムーズに行うためのものであるから，学校においても長期にわたる段階的なはたらきかけや支援を必要とする。

これまでの学校進路指導の大勢は,「出口の指導」と揶揄されてきたように,どちらかというと進学や就職が目前に迫ってきてから,喫緊の課題として取り組まれることが多かった。しかしそれでは,適切に選べるための知識や認識,技能を生徒たちは身につけられないことになる。結果的に「行きたい学校・就きたい職業より行ける学校・就ける職業」を選ばざるを得なくなり,それが高校中退者や早期離職者の多さにつながってきた経緯がある。

　2004年から開始されたキャリア教育は,そうした現状の打開の意味も込めて,計画された。表2.1には,キャリア教育調査研究協力者会議の報告書に示された「職業観・勤労観を育む学習プログラムの枠組み（例）」（文部科学省,2004）を示した。表の左端（表側）にはキャリア教育によって育む四つの能力領域と,それぞれの下位に位置する八つの能力が示されている。さきに選択と適応それぞれのための成長をキャリア発達と呼ぶと述べたが,キャリア教育は児童・生徒一人一人のキャリア発達を支援する教育であり,そのために育成される目標として具体化されたものがこの4能力領域・8能力である。この表には,それぞれの能力に関して,学校段階別に（小学校に関してはさらに3区分されている）具体的なプログラム例が示されている。

　このプログラム例を見ると,小学校の低学年から高校生に至るまで,各能力の育成のための実践,またはその目標が段階的に配置されていることがわかる。例えば「情報活用能力」領域の「職業理解能力」では,小学校の低・中学年のうちは係や当番活動への取り組みや,それを通して働くことの楽しさがわかることを挙げているが,高学年では施設・職場見学等から働くことの大切さや苦労がわかること,中学生・高校生では学習との関連や勤労の意義,探索的・試行的な体験へと,スムーズにその能力の獲得へアプローチしている。高卒での就職年齢である18歳から逆算して,また子どもの社会認識能力や自己認知能力の発達に応じて,各年齢段階・学校段階に求められるキャリア発達を支援するものとなっている。

　こう考えてくると,子どもたちの進路選択,そしてそれを支援するキャリア教育は,いくつもの意味において発達的に捉えなければいけないことがわかる。

表 2.1 職業観・勤労観を育む学習プログラムの枠組み（例）

			小学校		
			低学年	中学年	高学年
職業的（進路）発達の段階			進路の探索・選択にかかる基盤形成の時期		
○職業的（進路）発達課題(小～高等学校段階) 各発達段階において達成しておくべき課題を，進路・職業の選択能力及び将来の職業人として必要な資質の形成という側面から捉えたもの。			・自己及び他者への積極的関心の形成・発展 ・身のまわりの仕事や環境への関心・意欲の向上 ・夢や希望，憧れる自己イメージの獲得 ・勤労を重んじ目標に向かって努力する態度の形成		
職業的（進路）発達にかかわる諸能力			職業的（進路）発達を促すために育成する		
領域	領域説明	能力説明			
人間関係形成能力	他者の個性を尊重し，自己の個性を発揮しながら，様々な人々とコミュニケーションを図り，協力・共同してものごとに取り組む。	【自他の理解能力】 自己理解を深め，他者の多様な個性を理解し，互いに認め合うことを大切にして行動していく能力	・自分の好きなことや嫌なことをはっきり言う。 ・友達と仲良く遊び，助け合う。 ・お世話になった人などに感謝し親切にする。	・自分のよいところを見つける。 ・友達のよいところを認め，励まし合う。 ・自分の生活を支えている人に感謝する。	・自分の長所や欠点に気付き，自分らしさを発揮する。 ・話し合いなどに積極的に参加し，自分と異なる意見も理解しようとする。
		【コミュニケーション能力】 多様な集団・組織の中で，コミュニケーションや豊かな人間関係を築きながら，自己の成長を果たしていく能力	・あいさつや返事をする。 ・「ありがとう」や「ごめんなさい」を言う。 ・自分の考えをみんなの前で話す。	・自分の意見や気持ちをわかりやすく表現する。 ・友達の気持ちや考えを理解しようとする。 ・友達と協力して，学習や活動に取り組む。	・思いやりの気持ちを持ち，相手の立場に立って考え行動しようとする。 ・異年齢集団の活動に進んで参加し，役割と責任を果たそうとする。
情報活用能力	学ぶこと・働くことの意義や役割及びその多様性を理解し，幅広く情報を活用して，自己の進路や生き方の選択に生かす。	【情報収集・探索能力】 進路や職業等に関する様々な情報を収集・探索するとともに，必要な情報を選択・活用し，自己の進路や生き方を考えていく能力	・身近で働く人々の様子が分かり，興味・関心を持つ。	・いろいろな職業や生き方があることが分かる。 ・分からないことを，図鑑などで調べたり，質問したりする。	・身近な産業・職業の様子やその変化が分かる。 ・自分に必要な情報を探す。 ・気付いたこと，分かったことを個人・グループでまとめたことを発表する。
		【職業理解能力】 様々な体験等を通して，学校で学ぶことと社会・職業生活との関連や，今しなければならないことなどを理解していく能力	・係や当番の活動に取り組み，それらの大切さが分かる。	・係や当番活動に積極的にかかわる。 ・働くことの楽しさが分かる。	・施設・職場見学等を通し，働くことの大切さや苦労が分かる。 ・学んだり体験したりしたことと，生活や職業との関連を考える。
将来設計能力	夢や希望を持って将来の生き方や生活を考え，社会の現実を踏まえながら，前向きに自己の将来を設計する。	【役割把握・認識能力】 生活・仕事上の多様な役割や意義及びその関連等を理解し，自己の果たすべき役割等についての認識を深めていく能力	・家の手伝いや割り当てられた仕事・役割の必要性が分かる。	・互いの役割や役割分担の必要性が分かる。 ・日常の生活や学習と将来の生き方との関係に気付く。	・社会生活にはいろいろな役割があることやその大切さが分かる。 ・仕事における役割の関連性や変化に気付く。
		【計画実行能力】 目標とすべき将来の生き方や進路を考え，それを実現するための進路計画を立て，実際の選択行動等で実行していく能力	・作業の準備や片づけをする。 ・決められた時間やきまりを守ろうとする。	・将来の夢や希望を持つ。 ・計画づくりの必要性に気付き，作業の手順が分かる。 ・学習等の計画を立てる。	・将来のことを考える大切さが分かる。 ・憧れとする職業を持ち，今，しなければならないことを考える。

――職業的（進路）発達にかかわる諸能力の育成の視点から

中学校	高等学校
現実的探索と暫定的選択の時期	現実的探索・試行と社会的移行準備の時期
・肯定的自己理解と自己有用感の獲得 ・興味・関心等に基づく職業観・勤労観の形成 ・進路計画の立案と暫定的選択 ・生き方や進路に関する現実的探索	・自己理解の深化と自己受容 ・選択基準としての職業観・勤労観の確立 ・将来設計の立案と社会的移行の準備 ・進路の現実吟味と試行的参加
ことが期待される具体的な能力・態度	
・自分の良さや個性が分かり，他者の良さや感情を理解し，尊重する。 ・自分の言動が相手や他者に及ぼす影響が分かる。 ・自分の悩みを話せる人を持つ。	・自己の職業的な能力・適性を理解し，それを受け入れて伸ばそうとする。 ・他者の価値観や個性のユニークさを理解し，それを受け入れる。 ・互いに支え合い分かり合える友人を得る。
・他者に配慮しながら，積極的に人間関係を築こうとする。 ・人間関係の大切さを理解し，コミュニケーションスキルの基礎を習得する。 ・リーダーとフォロアーの立場を理解し，チームを組んで互いに支え合いながら仕事をする。 ・新しい環境や人間関係に適応する。	・自己の思いや意見を適切に伝え，他者の意志等を的確に理解する。 ・異年齢の人や異性等，多様な他者と，場に応じた適切なコミュニケーションを図る。 ・リーダー・フォロアーシップを発揮して，相手の能力を引き出し，チームワークを高める。 ・新しい環境や人間関係を生かす。
・産業・経済等の変化に伴う職業や仕事の変化のあらましを理解する。 ・上級学校・学科等の種類や特徴及び職業に求められる資格や学習歴の概略が分かる。 ・生き方や進路に関する情報を，様々なメディアを通して調査・収集・整理し活用する。 ・必要に応じ，獲得した情報に創意工夫を加え，提示，発表，発信する。	・卒業後の進路や職業・産業の動向について，多面的・多角的に情報を集め検討する。 ・就職後の学習の機会や上級学校卒業時の就職等に関する情報を探索する。 ・職業生活における権利・義務や責任及び職業に就く手続き・方法などが分かる。 ・調べたことなどを自分の考えを交え，各種メディアを通して発表・発信する。
・将来の職業生活との関連の中で，今の学習の必要性や大切さを理解する。 ・体験等を通して，勤労の意義や働く人々の様々な思いが分かる。 ・係・委員会活動や職場体験等で得たことを，以後の学習や選択に生かす。	・就業等の社会参加や上級学校での学習等に関する探索的・試行的な体験に取り組む。 ・社会規範やマナー等の必要性や意義を体験を通して理解し，習得する。 ・多様な職業観・勤労観を理解し，職業・勤労に対する理解・認識を深める。
・自分の役割やその進め方，よりよい集団活動のための役割分担やその方法等が分かる。 ・日常の生活や学習と将来の生き方との関係を理解する。 ・様々な職業の社会的役割や意義を理解し，自己の生き方を考える。	・学校・社会において自分の果たすべき役割を自覚し，積極的に役割を果たす。 ・ライフステージに応じた個人的・社会的役割や責任を理解する。 ・将来設計に基づいて，今取り組むべき学習や活動を理解する。
・将来の夢や職業を思い描き，自分にふさわしい職業や仕事への関心・意欲を高める。 ・進路計画を立てる意義や方法を理解し，自分の目指すべき将来を暫定的に計画する。 ・将来の進路希望に基づいて当面の目標を立て，その達成に向けて努力する。	・生きがい・やりがいがあり自己を生かせる生き方や進路を現実的に考える。 ・職業についての総合的・現実的な理解に基づいて将来を設計し，進路計画を立案する。 ・将来設計，進路計画の見直し再検討を行い，その実現に取り組む。

意思決定能力	自らの意志と責任によりよい選択・決定を行うとともに、その過程での課題や葛藤に積極的に取り組み克服する。	【選択能力】様々な選択肢について比較検討したり、葛藤を克服したりして、主体的に判断し、自らにふさわしい選択・決定を行っていく能力	・自分の好きなもの、大切なものを持つ。 ・学校でしてよいことと悪いことがあることが分かる。	・自分のやりたいこと、よいと思うことなどを考え、進んで取り組む。 ・してはいけないことが分かり、自制する。	・係活動などで自分のやりたい係、やれそうな係を選ぶ。 ・教師や保護者に自分の悩みや葛藤を話す。
		【課題解決能力】意思決定に伴う責任を受け入れ、選択結果に適応するとともに、希望する進路の実現に向け、自ら課題を設定してその解決に取り組む能力	・自分のことは自分で行おうとする。	・自分の仕事に対して責任を感じ、最後までやり通そうとする。 ・自分の力で課題を解決しようと努力する。	・生活や学習上の課題を見つけ、自分の力で解決しようとする。 ・将来の夢や希望を持ち、実現を目指して努力しようとする。

注：太字は、「職業観・勤労観の育成」との関連が特に強いものを示す

子どもたちが無理なく次の学校段階、そして職業・成人の社会へと移行していく、その「接続」を保障することが、その発達的な立場にたった見方・考え方だと言えるであろう。一見、王道と思われた特性因子論的な考え方では、キャリア教育や進路指導は決してうまく立ちゆかない。

第2節　キャリア発達のアプローチ

　本節では、前節で紹介した発達的な視点でキャリア選択を理論化したもの、すなわちキャリア発達の理論のなかで、在学中の子ども・若者の発達に焦点を置いたものを紹介する。したがって、発達というより「学習」に力点をおいたクルンボルツや、就職後の組織内キャリア発達を描いたシャイン等は紹介を控える。前節で述べた「進路選択を発達の過程として捉える」ことの意味を、それぞれの理論や概念から具体的につかんでほしい。

1　スーパーの理論

　スーパー（Super, D.E.）は、ギンズバーグと共同研究を行い、その成果を発展させてキャリア発達理論の基礎を築いた。先に示したギンズバーグの発達段階の区分を整理・発展させて、表2.2に示したキャリア発達の段階を打ち出している。キャリア発達は、労働世界に入るまでだけではなく、一生涯にわたる

第2章　キャリア教育の理論的及び歴史的背景　　45

・自己の個性や興味・関心等に基づいて，よりよい選択をしようとする。 ・選択の意味や判断・決定の過程，結果には責任が伴うことなどを理解する。 ・教師や保護者と相談しながら，当面の進路を選択し，その結果を受け入れる。	・選択の基準となる自分なりの価値観，職業観，勤労観を持つ。 ・多様な選択肢の中から，自己の意志と責任で当面の進路や学習を主体的に選択する。 ・進路希望を実現するための諸条件や課題を理解し，実現可能性について検討する。 ・選択結果を受容し，決定に伴う責任を果たす。
・学習や進路選択の過程を振り返り，次の選択場面に生かす。 ・よりよい生活や学習，進路や生き方等を目指して自ら課題を見出していくことの大切さを理解する。 ・課題に積極的に取り組み，主体的に解決していこうとする。	・将来設計，進路希望の実現を目指して，課題を設定し，その解決に取り組む。 ・自分を生かし役割を果たしていく上での様々な課題とその解決策について検討する。 ・理想と現実との葛藤経験等を通し，様々な困難を克服するスキルを身につける。

　ものとして「成長」（4～14歳），「探索」（15～24歳），「確立」（25～44歳），「維持」（45～64歳），「解放」（65歳～）の五つの段階に体系化された。これには，空想から始まり，興味や能力のウエイトが時期を追って順次高くなり，雇用機会や現実が考慮されて試行から確立・維持へ，そして最後には離脱へと，職業とそれを選び働く者との関係が発達的な変化として描き出されている。

　この理論化のなかでも探索段階の「移行期」の記述に見られるように，スーパーは《自己概念》が職業選択にとって重大な役割を示すとした。自己概念は年齢とともに変化・確立するものであり，職業選択とは「自己概念を職業名に翻訳する作業」とした。改めてこの表を見ると，最も初期の「空想期」から観察される，例えば「お花が好きだからお花屋さんになる」といった発言にも，「お花が好きな自分」という自己概念から，「お花屋さんになったら楽しいだろう（仕事が上手にできるだろう）」という職業名への翻訳を行っていることに気づく。ただし，その自己概念がひとりよがりのものであったり，現実の社会，すなわち産業・職業から見た需要に合わない職業名に翻訳されていては，実際の職業選択は立ちゆかない。この表を見ても，幼児期や小学校のうちは「好き」とか「面白そう」，「やってみたい」というように，興味本位で自己概念と職業とを結びつけているが，中学校（能力期）になると自分の能力が自覚される。例えば野球やサッカーの選手に憧れてその競技を続けてきたものの，レギュラーになれない，選手層の厚さを思い知るなどのことで，次第にその夢をあきらめて

表2.2　スーパー（Super, D. E.）のキャリア発達段階

段階名称	各期と該当年齢	各時期の概要
成長段階	空想期（4歳～10歳）	欲求が支配的で，空想の中の役割実演が重要。
成長段階	興味期（11～12）	「好き」ということが志望や活動の主な要因となる。
成長段階	能力期（13～14）	能力に対する自覚が高まり，志望の要因に占めるそのウエイトが高まる。
探索段階	暫定期（15～17）	雇用機会も含めてすべてのことが考慮され，暫定的な選択が空想，議論，教育課程，仕事などの中で試みられる。
探索段階	移行期（18～21）	実際の労働市場や専門的訓練に入るなかで，現実面がより大きく考慮されるようになり，自己概念の実現が試みられる。
探索段階	試行期（22～24）	自分が適するであろうという分野をつきとめ，その分野の入門的職務を発見し，それをライフワークにすることを試みる。
確立段階	本格的試行期（25～30）	適すると思っていた仕事の分野に満足感を見いださず，1，2回の転職の後にライフワークを見つけたり，あるいは互いに関連のない仕事の連続の中に自分のライフワークに相当することを見いだしたりする。
確立段階	安定期（31～44）	自分のキャリアがはっきりしてくると，その仕事の世界で安定して地位を確保しようとする努力が行われる。
維持段階	（45～64）	仕事の世界で得られた地位を維持していくことが関心事。新たな分野の開拓は滅多になされず，確立された線に沿った維持が中心となる。
離脱段階	減速期（65～70）	衰退した能力に合わせて仕事のペースをゆるめたり，職務や仕事の性質が変えられたりする。
離脱段階	引退期（71～）	仕事を完全にやめる時期。

いく。また学業成績を今後の高校・大学進学と結びつけて考えることから，あきらめざるを得ない職業がいくつもあることを知る。さらには高校になると雇用機会の多少，大学になるとその他の現実的な側面も考慮され，試行的経験も経ながら，最終的には現実的に見て妥当な職業名へと翻訳されることになる。

　ただ，この理論はスーパーが研究を行った1950年代のアメリカにおける白人男性を想定したものであることに留意する必要がある。時代や文化が異なることで，このような順序や年齢の区分になるとは限らない。例えば日本では，就職前の労働体験や就職後の試行錯誤がアメリカほど一般的ではない，あるいはインターンシップなどの制度が広がっていないことから，この表にあるよう

に転職や試行を行うことは難しい，あるいは否定的に評価されるなどする。もっとも，労働の世界への実際の参入と適応を考えれば，試行や転職は難しいものの，このような発達段階区分が，そこから逆算して無理のない順序や年齢幅をもたせた発達であると言えるであろう。したがって実際の進路指導に際しても，それぞれの年齢層で示された発達や成長を期待し，またそれぞれの水準に達していない生徒には，それに応じた支援が必要となる。

2　スーパーによるキャリア発達の命題

　スーパーは，キャリア発達についての研究と理論化の過程で，複数の項目にわたる「命題」を考案し，改訂してきた。ここではスーパーが晩年に改訂し，結果的に最終版（Super, 1990）になったもの（岡田（2007）訳）を次頁に示す。

　ここには，これまで述べてきた進路選択過程への発達的な観点が集約されているので，確認の意味も込めて見てみよう。命題1から3までに示されているのは，人の特性と職業の特性との緩やかな結びつきである。それは，この章の冒頭に示した特性因子論的なベスト・マッチングではないものであり，多様な職業への「許容性」という言葉で表されている。命題4と5においては，先にも紹介した「自己概念」が変化しながら職業への翻訳・適合が図られていくさまが描かれている。それは命題9から11に示されたように，能力や対処行動など自分の状態像の変化と，それが現実的な職業の場面でどの程度通用する（と認識している）かという二つの側面から影響を受けるものであり，自己概念と言えども現実検討を免れ得ない。この現実検討を経た自己概念のありようを年齢（に付随して生じる課題状況）と対比して進み・遅れをみた指標が命題6～8に述べられているキャリア成熟である。

　他方，命題12と14では職業面以外の生活に言及している。第1節の2に述べたように，職業だけが生活のすべてではなく，職業以外の役割とどちらに比重を置くかは人によって異なる。また職業では満足できるほど，自己概念を具現化できなかった（→命題13）人が，職業以外の生活にそれを求めていく場合もある。そのような，人が一生涯で負う役割のありようを図式化したのが，図

スーパーによるキャリア発達の理論的アプローチの命題

1. 人はパーソナリティの諸側面（欲求，価値，興味，特性，自己概念）および能力において違いがある。
2. これらの特性からみて，人はおのおのの多くの種類の職業に対して適合性を示す。
3. それぞれの職業には，必要とされる能力やパーソナリティ特性の独自のパターンがある。職業に就いている人に多様性がみられるように，個人も多様な職業に就く許容性を有している。
4. 職業に対する好みやコンピテンシー，生活や仕事をする状況は，時間や経験とともに変化し，それゆえ自己概念も変化していく。このような社会的学習の成果として自己概念は，選択と適応において連続性を提供しながら青年期後期から晩年にかけて安定性を増していく。
5. 自己概念が変化していくこのプロセスは，成長，探索，確立，維持，離脱の連続としてみなされた一連のライフステージ（「マキシ・サイクル」）に集約され，また発達課題によって特徴づけられた期間へ細分化され得る。ミニ・サイクルは，あるステージから次のステージへキャリアが移行するときに起こる。または病気や傷害，雇用主による人員削減，必要な人的資源の社会的変化，または社会経済的ないしは個人的出来事によって，個人のキャリアが不安定になるたびに起こる。このような不安定で試行錯誤に富むキャリアには，新たな成長，再探索，再確立といった再循環（リサイクル）が含まれる。
6. キャリア・パターンとは，到達した職業レベルである。また試したものであれ安定したものであれ，経験した職務に従事した順序，頻度，期間を意味する。キャリア・パターンの性質は，各個人の親の社会経済的レベル，本人の知的能力（mental ability），教育レベル，スキル，パーソナリティの特徴（欲求，価値，興味，自己概念），キャリア成熟，および個人に与えられた機会によって決定される。
7. どのライフ・ステージにおいても，環境と個体の要求にうまく対処できるかどうかは，これらの要求に対処する個人のレディネス（対処するために個人がどの程度準備できているか，すなわち，キャリア成熟）の程度による。
8. キャリア成熟は，心理社会的構成概念であり，それは成長から離脱までのライフ・ステージおよびサブ・ステージの一連の職業的発達の程度を意味する。社会的視点からは，キャリア成熟は，個人の暦年齢に基づいて期待される発達課題と，

実際に遭遇している発達課題とを比較することによって操作的に定義できる。心理学的視点からは，現在遭遇している発達課題を達成するために必要な認知的・情緒的資源と，個人が現在もっている認知的・情緒的資源とを比較することにより操作的に定義できる。
9. ライフ・ステージの各段階をとおしての発達は，部分的には能力，興味，対処行動を成熟させること，また部分的には現実吟味や自己概念の発達を促進することによって導かれる。
10. キャリア発達とは，職業的自己概念を発達させ実現していくプロセスである。キャリア発達のプロセスは統合と妥協のプロセスであり，そのなかで，生まれもった適性，身体的特徴，さまざまな役割を観察したり担ったりする機会，役割をこなした結果を上司や仲間がどの程度承認しているかの自己認識との間の相互作用によって自己概念は作られる。
11. 個人的要因と社会的要因間および自己概念と現実間の統合と妥協とは，役割を演じ，フィード・バックを受けるなかで学習することである。その役割は空想やカウンセリング面接で演じられる場合もあれば，クラス，クラブ，アルバイト，初職といった現実生活で演じられる場合もある。
12. 職業満足や生活上の満足は，個人の能力，欲求，価値，興味，パーソナリティ特性，自己概念を適切に表現する場をどの程度みつけるかによって決まる。満足感は，人がその役割をとおして成長し，探索的な経験を積み，自分にとって合っていると感じられるような類の仕事，仕事の状況，生活様式に身を置いているかどうかに拠る。
13. 仕事から獲得する満足の程度は，自己概念を具現化できた程度に比例する。
14. 仕事と職業は，たいていの人にとってパーソナリティ構成の焦点となる。しかし，仕事や職業が周辺的であったり偶発的であったり，まったく存在しなかったりする人もいる。また，余暇や家庭といった他の焦点が中心になる人もいる。個人差と同様に社会的伝統（性役割におけるステレオ・タイプやモデリング，人種的民族的偏見，機会が与えられるかどうかという社会構造）が，労働者，学生，余暇人，家庭人，市民のうちどの役割を重視するかの重要な決定要因である。

出所：岡田（2007）の訳文を転載させていただいた

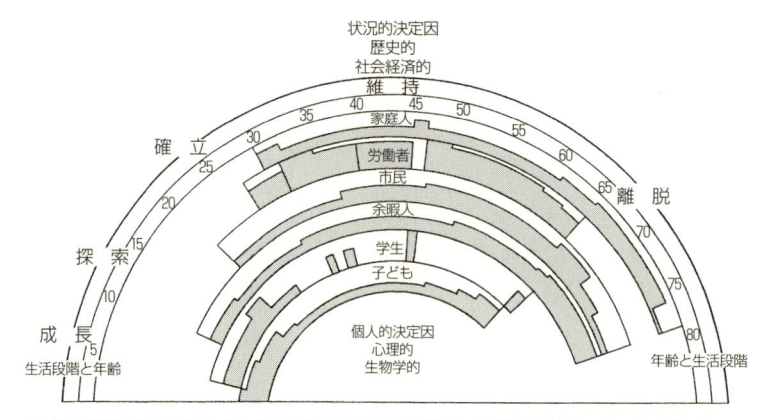

図2.1 ライフキャリア・レインボウ

（出所：Super, Savickas & Super, 1996, p.127 を改変）

注：網かけ部分の幅の広さは，それぞれの年齢にある人がその役割にどの程度の時間やエネルギーを費やしているかを一般的に示したもの

2.1に示したライフキャリア・レインボウ（人生経歴の虹）である。ここからは命題14でも述べられた多重的な役割を，特に成人期になると人はさまざまにもち，それが年齢に応じて変化することがわかる。これらの役割は年齢に応じた変化だけではなく，役割間で相互に作用しあってさまざまな影響をもたらす。例えば，子どもが生まれて父親・母親という役割をもつことで，職業で継続的に努力を重ねるようになることもあれば，職業で多忙な立場にたつことで，夫・妻や父・母という役割を思うように果たせないで葛藤を抱えることもある。このように人が職業に果たす役割の果たし方は，年齢や立場に応じて変化するだけでなく，人生上の他の役割に応じても変わる。しかも職業とその他の役割の主・従の位置づけは人によって異なり，年齢や状況によっても変わる。したがってキャリアという概念は，職業以外の役割の果たし方も一体のものとして定義し，扱う必要がある概念なのである。

3　ホランド（Holland, J.L.）の理論

　ホランドは，職業も，それを選ぶ人の側のパーソナリティや興味も，「現実

的（Realistic）」「研究的（Investigative）」「芸術的（Artistic）」「社会的（Social）」「企業的（Enterprising）」「慣習的（Conventional）」の六つの類型に分けられることを指摘した理論家としてよく知られている。この六つの類型は，表2.3に示したような意味をもっており，職業を選択する人は，自分のパーソナリティや興味と同じ類型の職業を選ぶことで，職業満足や職業上の安定性，業績を高めるという。したがって，同じ職業に就いている人はパーソナリティも類似しているということにもなる。そしてこの類型は図2.2に示したように，位置の近い類型ほど互いに似ているとされる。こうした考え方は，職業選択関連の諸検査（ホランドが作成したVPI職業興味検査だけでなく，例えば職業レディネステストなど）やキャリア・カウンセリングにも使われている。

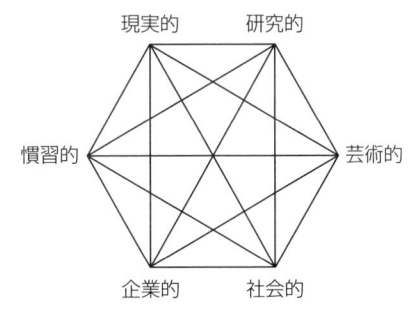

図2.2 ホランドによる人と環境の6類型
（出所：Holland, 1997）

ホランドは，この理論が非常に有名になったために，キャリア発達の理論家ではなく，単なる類型論者，あるいは特性因子論的な考え方に立つ理論家として見られるかもしれない。しかし彼は，人が特定の類型に分けられるようなパーソナリティや興味を発達させる過程には，その人と環境とのあいだに相互作用が繰り返されるとしており，図2.3のような発達図式を提唱している。これを見ると，遺伝的に受け継いだ資質からスタートして，さまざまな活動から興味を発達させるが，どのような活動を多く（少なく）するのか，そこでどのような興味を見出し，育てていくかは家庭や学校，親戚，友人といったその人のいる環境から影響を受けるという。すなわちその環境に特徴的な型に沿った機会や強化（ある行動が頻繁に生じるように，または生じなくなるようにほめたり叱ったりすること）を与えてくれるからである。ただし上で「相互作用」と述べたように，こうした影響は双方向的なものである。例えば，クレーン車の操縦を

表2.3 ホランドが提唱したパーソナリティと職業環境の六つの類型

	パーソナリティの類型	職業環境の類型
現実的 (Realistic)	環境を物として客観的に具体的に操作する。男性的で非社交的であり、情緒は安定していて唯物的である。運動技能やマシンやツールを伴う活動、例えば運動競技やスカウト活動や手工芸や商店業などを好む。	ガソリンスタンド、機械組立工場、農園、建築現場、理髪店など。具体的課題があり、機械的な技能や持続性や肉体労働を要求する。
研究的 (Investigative)	知性を使い、環境をことばや記号で操作する。科学的職業や読書、収集、代数、外国語、創造的活動などを好むが、社交は苦手である。男性的であり、ねばり強く、学者的で内向的であり、学問上の業績は上げるがリーダーとしては弱い。	実験室、事例会議、図書館、科学者・数学者・技術者の作業集団など。想像力と、知性と、長期的集中を要求する。
芸術的 (Artistic)	環境を美的、創造的に扱う。主観的印象と想像を大事にする。音楽、美術、文学、劇等の創造的活動を好み、自動車修理や運動など男性的なものを嫌う。非社交的、女性的、服従的、内向的、感受性がある、衝動的、柔軟と自認する。	演劇リハーサル、コンサートホール、ダンス・スタジオ、書斎、図書館、美術や音楽のスタジオなど。美的想像力と解釈力、知識と直観と感性、個人的で主観的な判断、長い集中的没頭を要求する。
社会的 (Social)	対人技能を使って環境を処理する。教育や治療などの職業と、政府や地域サービスや音楽や読書や演劇等の活動を好む。社交的で人助け的であり、元気で保守的で責任感があり、達成的で自己肯定的であると自認する。	教室、カウンセリングルーム、精神病院、協会、教育事務所、レクリエーションセンターなど。人間の行動を解釈し修正する能力、他の人々への対応とケアへの興味関心、頻繁で長時間の人間関係を要求する。
企業的 (Enterprising)	冒険的、支配的、情熱的、衝動的な選択によって環境に対処する。説得的で外向的であり、自己肯定的で自信をもち、攻撃的で見せたがりであり、セールスや監督などの職業や、支配、承認、権力等の欲求を満たす活動を好む。	駐車場、不動産事務所、政治的集会、広告代理店など。人々を動かし説得する言語能力、指示を与え統制し計画する活動、社交的で表層的な社会的関心を要求する。
慣習的 (Conventional)	社会が認める目標や活動を選択して、環境を処理する。問題に対する接近法は紋切型で、正しいが独創性に欠ける。男性的、賢明、支配的、保守的、身ぎれい、固い、安定している、社交的、事務的で計算好き。ビジネスに専念し、金銭を重んじる。	銀行、会計事務所、郵便局、情報整理室、ビジネスオフィスなど。言語や数の情報の組織的、具体的、日課的な処理、既定手順による短サイクルの反復的な操作を要求する。

注：中野（2001）での記述を表の形で提示した

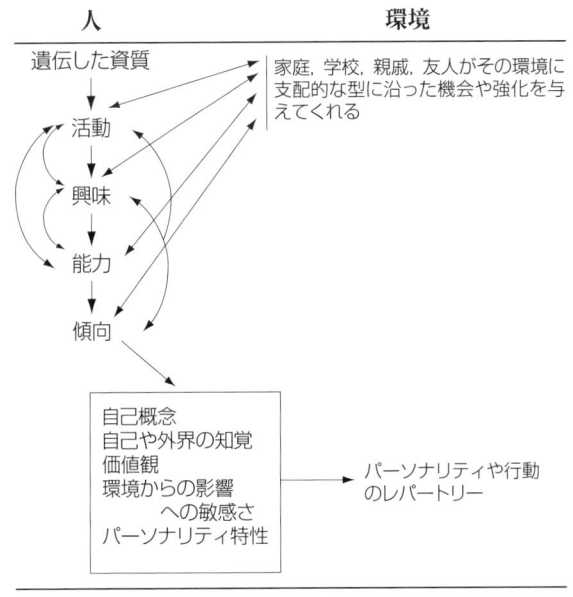

```
       人                          環境
遺伝した資質           家庭，学校，親戚，友人がその環境に
      ↓              支配的な型に沿った機会や強化を与
      ↓              えてくれる
     活動  ←―――――――
      ↕   ←―――――――
     興味  ←―――――――
      ↕   ←―――――――
     能力
      ↕
     傾向
      ↓
   ┌─────────────┐
   │ 自己概念        │
   │ 自己や外界の知覚    │
   │ 価値観         │   →  パーソナリティや行動
   │ 環境からの影響        のレパートリー
   │    への敏感さ     │
   │ パーソナリティ特性   │
   └─────────────┘
```

図 2.3　パーソナリティタイプがどのように発達するか

(出所：Holland, 1997)

するという「現実的」類型の職業に就いている父親の子どもは，父親が働く姿を見る機会に何度か遭遇し，その結果，工事車輌に興味をもつようになる。その子がそうした興味を言葉や行動に表すと，父親や親戚は「跡を継いでくれるのでは」などと喜び，クレーン車が登場する絵本やテレビ番組などを意図的に見せるようになり，その子の興味は相乗的に高められていく，といったエピソードを考えると十分納得ができよう。

　さらに興味をもって取り組むことのなかに能力が高められていくこと，すなわち得意なことが生まれ，興味と能力に裏打ちされたその人の傾向が浮き彫りにされていく。ただ，これも一方向的なものではなく，図にあるように「活動」から「傾向」までは相互に影響しあう。このことは例えば，能力が高められてさらに興味が高まったり，特定の活動が頻繁になったりということを指す。もちろんその過程にも，環境との相互作用が関わってくる。環境のもたらす作用

も，例えば家庭の環境と友人の環境といったように一様なものではないので，その相互作用も非常に複雑なものになる。最終的に形成されたその人の傾向は，図にあるように自己概念や価値観という形に結実し，それがその人のパーソナリティや行動のレパートリー（どのような行動や様子を示すことが多いか・少ないか）として表出する。

4　ホランドのキャリア発達の概念

このように考えてくると，ホランドの理論はキャリア発達の理論であることがよくわかる。六つの類型にまとめられるパーソナリティも興味も，幼少期からの環境との相互作用によって次第に形を成してくる。それがより明瞭に見られるのは，六つの類型へのあてはまり方を記述するために提示した以下の五つの概念である。

① **一貫性**――人の側のパーソナリティも環境も，六つの類型どれか一つにだけあてはまりを示すことはない。複数の類型の特徴を，あてはまりの程度は異なるものの，示すものである。その際に，あてはまる程度が高い類型が相互に似ている類型かどうか（すなわち図2.2で示したそれぞれの位置が近いもの―例えば現実的(R)となら研究的(I)や慣習的(C)のように―かどうか）を示す指標が一貫性である。人は，特定の性質の環境と相互作用を繰り返していくことで，そのパーソナリティの一貫性は高くなっていく。例えば教員をしている親から影響を受け，自らもボランティアなどで人と関わる活動を行い，その結果として対人的な能力や興味を深めていくのであれば，社会的(S)と企業的(E)を中心とした一貫性の高いパーソナリティを示すようになるであろう。

② **分化**――人や環境が示す複数の類型へのあてはまり方が，特に特定のものによくあてはまっていれば分化の程度が高いという。具体的には，最も特徴的である類型と最も特徴と合致しない類型とのあてはまり方の差の大きさである。先にも述べたように，特定の性質の環境と相互作用を繰り返していけば，特定の性質のパーソナリティを発達させることになる。そ

の結果として，特定の類型にあてはまる傾向は高くなり，あてはまりの低い類型はますます低くなるであろう。こうして分化が進み，そうなると同じ類型の特徴をもつ環境に馴染みやすく，成果も上がりやすく，また本人の満足度も高くなる。

③ **同一性**──この指標は，特に類型へのあてはまりについて述べたものではなく，人や環境が示す諸特徴のゆるぎが少ないことを意味している。人のパーソナリティについては，エリクソン（Erikson, E.H.）の概念である自我同一性（ego identity; Erikson, 1950）と同じであり，ホランド自身が作成した「My Vocational Situation」（Holland, Daiger & Power, 1980）という測定尺度内にある自我同一性の尺度の得点で見られる，としている（Holland, 1997）。この自我同一性の概念も，発達とともに獲得され，青年期の発達課題とされている。ただし個人差も大きく，未確立であったり，権威ある大人の意見や意向を鵜呑みにしてつくりあげたりすることで，その後の発達と適応に問題を生むとされている。

ここまではパーソナリティと環境それぞれの問題であるが，両者は職業・キャリアが選択された時点で出会い，その適合の程度が問題になる。以下の二つの概念は，それを見るものである。

④ **一致度**──パーソナリティの類型と環境の類型がどの程度一致しているかをみる指標。両者が同じ類型であれば最も高い一致度であり，すなわちその人にとってなじみやすく，性分に合う状況で，違和感なく行動することができることになる。

⑤ **教育のレベル**──その人が受けた教育のレベルと環境の側が求める教育レベルが乖離していないかをみる指標。人が受けた教育レベルが環境が求めるものより低ければ職務の遂行に支障を来すのはもちろんであるが，環境が求めるレベルの方が低ければ，その職業に就いた人は飽き足らなく感じて意欲を喪失するなど，やはり齟齬を来すことになる。

第4，第5の指標についても，やはり発達と関係している。すなわち環境に適合しないと感じる人にとっては，その前後でその適合しない環境との間で相

互作用がなされ，例えば自分の考え方や感じ方，あるいは能力の点で変えられる余地がないかどうかを試み，それができなければさらにこれらの指標の点で適合する環境へと移っていく。これはやはりキャリア発達の過程であり，特性因子論が扱う一時点の適合の問題ではない。

5　ホランドとスーパーの理論が異なる点

　先にスーパーによるキャリア発達の段階（表2.2）を紹介したが，ホランドはこのようにすべての人が単一の発達過程を経るという考え方に批判的である。ホランドがパーソナリティの形成過程（図2.3）に挙げた興味や能力はスーパーの表にも見られるし，また環境との相互作用を通して現実的な要因が考慮されるという点では同じ立場にたつ。また生育歴を通して形成されたパーソナリティはスーパーの言う自己概念に通じるものであり，それを翻訳したものが職業選択というスーパーの持論はホランドも肯定している。しかし，スーパーの理論のように発達を単一の経路を辿るものとは見ていない。

　ホランドは，スーパーの理論を実証する研究が乏しいこともあり，このような単一の経路で発達は進むのではなく，人によって到達点も経路もさまざまであり，問題はどのような類型であれ，先に示した一貫性と分化の程度が高い状態に進んでいくことがキャリア発達であるとしている。確かに，現代のわが国の人々，特に若年のフリーターの問題などを想起してみると，必ずしもスーパーの理論に見られる暫定期や移行期の年齢でそれぞれの状態になっているとは言えない人も例外ではなく，それはまた本人の問題だけでなく，進路指導やカリキュラムなど学校教育の問題でもある。彼らのなかにはかなりの期間をかけて環境との相互作用を行い，例えば試行的にやってみた仕事で成功や失敗を経験することなどを通して，次第にある方向に興味や能力を見出す人がいる。他方，そうした発達の筋道を進んでいても折り合える環境と出会えずに，フリーターが長期化している人もいる。しかし最終的には，落ち着き，満足できる環境と出会い，生計を立てられるようにならなくては，少なくとも経済的な自立は難しい。それが叶うには，ホランドのいうパーソナリティが一貫・分化した

ものとなることが求められるであろう．フリーターだけでなく，例えば結婚・出産によって一時的に退職をし，子育てを終えて改めてキャリアを形成する女性においても，スーパーのものよりはホランドのキャリア発達理論が当てはめられる．

ただスーパーの理論も机上の空論というわけではなく，少なくとも1950年代の白人男性のキャリア形成をモデル的に記述しており，また現代の日本でも，終身雇用的なところ（例えば官公庁や学校）で働く男性にとっては，キャリア発達のひとつの規範的な筋道を示したものであるとは言えるであろう．

6　サヴィカス（Savickas, M.L.）の理論

サヴィカスは，スーパーの教えを受け，共同研究を行っていたことから，スーパーの理論や概念を引き継いで発展させている．本章で紹介する3人の理論家では最も後発で，1990年になる頃から活躍がめざましいキャリア心理学者である．彼の理論は《キャリア構築理論》（career construction theory）と呼ばれ，その名の通り，人が主体となってキャリアを作りあげていく，ということを基調とした考え方をとっている．その大元にあるのは，《文脈主義》（contextualism）と《構成主義》（constructivism；構築主義とも訳せる）という考え方である．

文脈主義とは，一人一人の人が暮らしているミクロまたはマクロな「生活環境」や「時代」といった文脈の影響を重視する考え方である．現代の人々は身分制度があった時代とは異なり，自由に職業や将来を決められる社会に生きてはいるものの，そうした「文脈」の影響を嫌が応にも受けざるを得ない．例えばわが国のここ20年ほどの社会の変化を想起してみても，好況から不況へという景気の変動，就職と言えば正規雇用という時代から3人に1人（20代は2人に1人）が非正規雇用の時代へ，そして「格差社会」が広がっているという変化など，生活や就業をとりまく状況は大きく移り変わってきており，しかもその変化のスピードも速い．さらには個々人の単位でも，受ける教育や出会う人々，転機となる体験など，さまざまなことから影響を受けるのである．先に，スーパーの提示したキャリア発達の段階（表2.2）は1950年代の白人男性を念

頭においたものであること，またそれに対してそれでは単一の経路を示すことになり，人によって到達点も経路もさまざまであるとホランドが批判したことを紹介したが，これらの問題もこの「文脈」という考え方を取り入れることで，かなりの程度まで解消できる。すなわちスーパーの提示した発達段階は，当時のアメリカの白人男性社会という文脈によるもの（Savickas, 1994）であり，また個人ごとの文脈を捨象して平均したものなのである。

　他方，構成主義とは，物事の客観的側面よりも個々人がもつ見方・考え方・感じ方といった主観的側面を重視し，その人の見方・考え方・感じ方次第によって同じ物事でも異なる見方が構成される，という立場の考え方である。したがって，人は情報を組織化する自分流のやりかたをつくりあげ（construct），何が真実かは本人の知覚の問題，とする。それをもたらすものは，個々人がもつ《個人的構成概念》（personal construct）というもので，言わばその人が外界の物事を見るうえでの枠組みである。例えば職業情報に接するときに，「楽な仕事かどうか」「クリエイティブな仕事かどうか」「世の中の人と繋がっていると感じられる仕事かどうか」など，人によって重視する観点が異なるが，それもその人の個人的構成概念ということになる。

　さらにこの構成主義が文脈主義と合わさってキャリア発達を捉えるという立場が，サヴィカスらが支持するキャリア構築理論である。すなわち，人は発達の過程で大小さまざまな環境という文脈に出会う。その出会った文脈には，単に影響を受けるとか流されるといっただけでなく，その人なりの見方・考え方・感じ方で捉えられ，個々人で異なる意味づけがなされる。例えばサヴィカス（Savickas, 2005）は次のように述べている。「キャリアは開いてくるもの（unfold）ではない。それらは構成される」（p.154），「文脈が個人を形作る一方で，個人が文脈を形作る」（p.158）。これらの文に表れているように，個人はむしろ，文脈を自分なりに解釈するのみならず，自分から新たな文脈を生み出すことすらあり得る，と考えるのである。そのことを別の言葉で，同じ立場にたつヴォンドラセックら（Vondracek, Lerner & Schulenberg, 1986）は，「個人は自身の発達のプロデューサー」とまで呼んだ。例えば現代は就職戦線が厳しいが，多くの

人が就職活動をやりづらいと感じて戦意を喪失してしまうなか，成長欲求の強い人はこうした逆境をむしろ自分の力を高めて売り込むチャンスと捉えるかもしれない。キャリア発達はこのように，出会う文脈に個々人の捉え方が作用して，同じ時代・似たような環境に育っても，その人の捉え方によって主観的な意味での文脈は異なり，したがって発達のありようが異なる，とされる。

7 スーパーからサヴィカスへ

　サヴィカスはスーパーの理論を発展させて，断片的であった部分を統合しようと試みている。例えばスーパーが「職業選択とは自己概念を職業名に翻訳することである」と述べたが，それとライフキャリア・レインボウ（図2.1）に見られる生活時間・空間を織り込んだ理論を統合して，個人がどのように人生の役割のなかに仕事を位置づけ，個人的な価値観を十分に反映した人生を築いていくか，という文脈的視点を示した（堀越, 2007）。

　スーパーが提示したキャリア発達の命題（第2節の2参照）についても受け継ぎ，文脈主義と構成主義の考え方を織り込んだ16の命題を提示している。例えばスーパーのライフキャリア・レインボウ（図2.1）の図ではそれぞれの役割が年齢によって軽重が変遷していく様子を帯の幅で表していたが，サヴィカスはそのような「ある役割が中心的か周辺的か」が社会的文脈によって，また個人の構成の仕方によって異なることを述べている。

　またスーパーはキャリア発達の五つの段階（表2.2）を提示していたが，これもサヴィカス（Savickas, 2005）は踏襲している。その際，発達の四つのラインと呼ばれる「キャリア関心（concern）」「キャリア統制（control）」「キャリア概念（conception）」「キャリア自信（confidence）」といういずれもCで始まるキーワードを重視している。「キャリア関心」とは，親子間の基本的信頼感を基礎とした，後の人生，特に職業的人生に及ぶ自己と他者に関する概念であり，自分と他の人々を信頼できるかに関わるものである。「キャリア統制」とは，他者との関係と自分の行動を自分が思うように進められているかという感覚であり，これがあると例えば進路を自分で決められるという見通しと態度がもてる

ようになる。「キャリア概念」とは，いかにキャリアを選択し，構成するかに関わる，キャリアに対する見方・考え方を指す。「キャリア自信」とは，その名の通りキャリアを構築していくうえで障害となることも乗り越えていけるという自信を指し，キャリア心理学でよく取り上げられる「自己効力感」(self-efficacy) もこれに相当する。これら四つの概念は，キャリアを構築していくうえで重要なものであるだけでなく，「自身の発達のプロデューサー」として出会った文脈を解釈し，また文脈を形作るという主体的なスタンスのカギとなる概念と言えるだろう。

そしてそれは，スーパーの時代とは異なって，変化が速いと言われる現代におけるキャリア発達だからこそ必要であると言える（下村，2008）。というのは，転職や解雇，あるいは経済のグローバル化によって同じ会社のなかでも異なる部署や職務への移行が求められるといったこの時代は，消極的な受け身でいるのではなく，積極的にそこでの選択や決定に取り組む必要があるからである。スーパーが掲げたキャリア発達の五つの段階（「成長」「探索」「確立」「維持」「離脱」）は，生涯を通してのマキシ・サイクルだけでなく，環境の変化やそれに伴う移行のたびにミニ・サイクルとして繰り返されることはスーパー自身も述べているが，その重要性がますます高まり，また個人の主体性が求められる。そのためには，前述の四つの概念の役割は大きいと考えられる。

8　キャリア発達理論をまとめて

以上，代表的な新旧3人の理論家について紹介しながら，キャリア発達の理論を概観してきた。いずれの理論においても，幼少期から選択を経て適応，あるいは職業的地位からの離脱にまで関わる変化（すなわち発達）の過程が，現実の社会との相互作用によって行われるさまが描き出されていた。子どもが大人になる過程は，したがって職業を選び適応する過程も，この現実の社会との相互作用があるから成立するものであり，また新たな環境に適応させる方向で作用する。ただしそこには，一個人や短期間では変えられない「社会」が立ちはだかり，また時代や状況の制約によって，例えば「正社員になりにくい時代」

といった社会的な文脈があることから，進路を選び適応していきたいと考えている個人の側も悩み，また逸脱的な進路を選ぶ人も出てくるのであろう。すでに述べたように，変化の激しいこの時代にはそうした人がむしろ多数派にすらなりかねない。フリーターやニートといった社会的排除層がすでに無視できない数になっていることはその証左である。サヴィカスの理論に見られたような「自身の発達のプロデューサー」として文脈に主体的に関わって切り開いていく個人にはなかなかなりきれない人の方がむしろ多いのである。

しかしそれだけに，そのために「教育」があるのである。上述の「社会との相互作用」を学校の場で与える営みが「教育」であり，意図的・計画的に与える教育が「キャリア教育」と言える。時折，「学校は企業で使える人材を養成するところではない」，「進学や就職は卒業してからのことであって，それよりも学校での生活や学習の管理や支援で手一杯である」という，進路指導やキャリア教育に重点を置く立場への批判も耳にする。しかしこれまで見てきたように，子どもたちはやがて直面する職業選択や就職・適応に向けて，日々，現実の社会から学んでいかなければならない。学校は，キャリア教育を始めとする諸機会をとらえて，その支援に目を向けなければいけない時代である。

第3節　アメリカにおけるキャリア教育

アメリカは，キャリア教育発祥の地である。したがってその経緯と歴史を学べば，日本のキャリア教育がなぜ必要であるかがいっそうよく理解できるであろうし，先行ケースとして私たちが留意すべきことを知ることができる。

1　キャリア教育の興り

アメリカのキャリア教育は，1971年に連邦教育局長官のマーランド（Marland, S.P. Jr.）が「すべての人にキャリア・エデュケーションを」と提唱して始められた。当時のアメリカでキャリア教育が始められた背景を仙﨑（2008）は，次のようにまとめている。まず第1に，産業・職業世界の変化である。失業率や

マイノリティの就業要求，労働者の葛藤や不満の増大などが挙げられる。第2の背景は初等・中等教育のいきづまりである。マイノリティの教育要求や教育人口の拡大，中退者の増大などが挙げられる。第3には職業と教育，社会と学校のギャップである。すなわち労働力の需給アンバランス，産業界と学校側の要求水準の不一致などがそれに当たる。これらを見ると，細部は異なるが，1990年代以降のわが国にも同じ問題が思い当たる。第1のことに相当するのは，非正規雇用の増大，格差社会，高卒就職者の求人倍率悪化などであり，第2のことには座学中心の学校教育のいきづまり，ゆとり教育が見直されざるを得なくなったことなどが相当するであろう。第3のことに対しては早期離職者率の高止まり，求人側・求職側のミスマッチなどが挙げられる。

　マーランド長官は演説のなかで，英国の哲学者・数学者ホワイトヘッド（Whitehead, A.N.）の言葉「学を衒う者は役に立つ教育を冷笑するが，ではもし教育が役に立たないのであればそれは何のためか」を引用して，「全ての教育はキャリア教育であるべきである」と述べたという（仙﨑，2008）。このある意味で極端な主張に対して違和感をもつ読者もいるかもしれないが，日本においても，キャリア教育は《内容論》ではなく，《機能論》の立場をとっている。すなわち教科指導のように特定の教材やカリキュラムといった教育の「内容」を指すのではなく，職業観・勤労観を育むための，また4領域にまたがる八つの能力（表2.1参照）を育てるという教育の「機能」を実現するためのもの，と位置づけられている。

　アメリカでは1971年からキャリア教育運動が全国規模で開始された。連邦教育局はキャリア教育を「初等・中等・高等教育，成人教育の諸段階で，それぞれの発達段階に応じ，キャリアに入り，進歩するように準備する組織的，総合的教育」と定義し，それに基づいてさまざまな計画やモデルが立案された。そうした運動を法制面から確かなものにしたものが，1977年に制定された「キャリア教育奨励法」であり，これによって1979年から1983年度まで連邦助成の予算措置がなされた。アメリカは，「合衆国」というだけあって州の独立性が強いため，全国規模で行うといっても日本のように容易ではないなかで行わ

れたことは偉業であると言える。この「奨励法」におけるキャリア教育の定義は，先の連邦教育局のものよりも具体的なので，こちらも参照しておきたい。それは「個人が人間の生き方の一部として，職業や進路について学び，人生上の役割やその選択と職業的価値観とを関連づけることができるように計画された経験の全体である」というものである。

2　アメリカのキャリア教育の思想

　前項で紹介した定義では直接的に言及されてはいないが，マーランドの演説に表れていたように，キャリア教育はアカデミックな教育と職業的教育の統合を図り，すべての児童・生徒に望ましいキャリア発達を促進することに目標があった。従来，職業的教育というと社会的弱者や能力の低い者のためと見られる向きもあった。しかしそうでない子どもでも従来の学校教育では社会への移行に支障が生じる，ということは日本でもよく見られることである。したがって，単に技術や技能を習得したり，就職のための準備教育という意味合いではなく，すべての児童・生徒の可能性を引き出し，人間性を伸張することがその基本にあった。

　ただしその定義となると，前述の連邦教育局長官マーランド自身が「キャリア教育の定義は，多くの実践経験が積み重ねられ，それらが様々な試練を経る中で生まれるものだ」として長らく明言を避けてきた（Hoyt et al., 2005）こともあって，混迷の時期が続いた。連邦教育局のキャリア教育部長だったホイトらは，その代わりに，キャリア教育を構成する次の五つの要素を提示した。それは(1)家庭・家族・地域社会からの協力，(2)各教科においてキャリアの持つ意味を強調するという教員の責務，(3)キャリア発達を促すための総合的な支援プログラム，(4)特定分野の職業技能訓練，(5)産業界・経済界・労働組合からの協力，である。

　さらには従来の職業教育がキャリア教育の一要素であるとするスタンスにも異論が多く，今なお議論が続いている問題のひとつであるという。しかしホイトらは，両者の相違点を表 2.4 のように整理した（Hoyt et al., 2005）。ここに挙

げられたキャリア教育の思想は，その大筋は日本のものと同じである。アメリカでの 30 年を超えた実践と歴史からも，こうしたキャリア教育には今なお意義があるとされていることは興味深い。なおホイトは，「しかし今日，『新たな職業教育（キャリア・技術教育）』の分野で指導的立場にある人々が，従来型の職業教育の変革を求める際に提示する方向性は，かつてのキャリア教育実践が追求してきたものと重なってきている」として，

キャリア教育＋従来型の職業教育＝今日求められる職業教育

という図式も提示している。

表 2.4 にも示した「全ての生徒を対象とする」に関わっては，日本でも「キャリア教育は小学校から始める」ことに違和感をもつ人も多いかもしれない。しかしホイトはそれに関わって，次の五つの点を挙げている。

① 小学校入学時からのキャリア意識形成の重要性
② すべての小学生に対して，基礎的な教科の学習への関心を高め，それらの知識技能が将来どのように活かされるかを示すことの重要性

表 2.4　職業教育とキャリア教育の主たる相違点

領　域	職業教育	キャリア教育
初等中等教育段階での主対象	4 年制大学への進学を予定しない生徒	すべての生徒
対象学年	9 学年～12 学年	幼稚園段階から 16 学年まで，および成人教育
習得すべきスキル	特定専門領域のスキル	労働市場価値を含んだ幅広い就業能力
授業形態	それぞれの職業科目における授業	全ての教科に組み入れられる
普通教科担当教員との関係	基礎学力の保障について，主として普通教科担当教員が分担する	職業教科担当教員，普通教科担当教員が連携する
主たる目標	特定キャリアへの準備	キャリア意識の進化，キャリア探索
産業界・労働界からの協力	キャリア探索，キャリア決定，就職プロセスへの協力	授業への支援者・アドバイザーとしての協力

出所：Hoyt et al.（2005）を訳出した仙崎ら（2005）から引用

③ 小学生から，働くうえで望ましい習慣を身につけさせることの重要性
④ 小学生から，働くことに対して積極的にとらえる望ましい職業観を育むことの重要性
⑤ すべての児童生徒に対して，賃金の有無を問わず，働くことを重んじる勤労観を育むことの重要性

先に示した「職業観・勤労観を育む学習プログラムの枠組み（例）」（表2.1）でも見られたように，これらのことがらは小学生でも学習可能であり，また小学生だからこそ段階的に，したがって容易に獲得することが可能である。さらに言えば，小学生の時からこうした意識や知識，習慣を身につけることで，その後の学習を含む諸経験をより有益なものとできるであろう。例えば上記②で示した点は，ホイトも教授―学習プロセスとキャリア教育の関わりで，生徒に実質的な知識を与えることができ，またそのような知識獲得のための学習動機を高めることができる，と強調している。

3 アメリカのキャリア教育の概要

連邦教育局は 1972 年にキャリア教育の概念モデルである USOE モデル（U.S. Office of Career Education Model；図2.4）を提示した。学年を追って，自覚を高め，方向づけと探索を行い，特殊化へと段階的に進めていくことが骨子であり，高卒後の進路に向けてすべての生徒の進路を実現していくことが目標とされている。これと併せて育成する八つの目標が提示され，学年を追って段階的な指導目標が記された「全国実践基準」が策定されたところは，日本でいう「学習プログラムの枠組み（例）」（表2.1）とよく似ている。ただしその八つの目標とは，仙﨑（2008）の訳出によれば，「判断力・態度」「自己意識」「意思決定」「教育意識」（将来の職業や生活に必要なことと学校で学んでいることを関連づけて考えられること：著者注，以下同じ），「進路意識」（職業・進路の知識を増やし，興味や価値観，ライフスタイルと関連づけて考えられること），「経済意識」（経済のしくみを理解し，職業・進路と関連づけて考えられること），「技能意識初歩技能」（さまざまな職業で使用される道具や方法の使い方を学び，選択した進路に必要な技能を深める），「雇用

価値技能」(個人と社会の関係を理解し,相互作用の技能を発展させる)である。日本の「学習プログラムの枠組み(例)」(表2.1)における「領域」や「能力」に相当するものが散見されるが,それよりも教育と職業の関連づけや,それを含む職業教育のカラーが強く感じられる。それは先に示したアメリカの職業教育とのかねあいがあるからであろう。

さらに連邦教育局は,四つの推進モデルというものを作成した。それは①学校を基盤とするもの,②職場を基盤とするもの,③家庭を基盤とするもの,④地方居住者ならびに在宅者を基盤とするもの,である。このうち最も普及し,成果があったのは①「学校を基盤とするモデル」であった(仙崎,2000)。したがって本稿ではこの①と,現在,全国の数多くの中学2年生が行っている職場体験学習(数人単位で校区内の職場に派遣されて,数日間の体験を行うもの)が関わ

小1～6年	中1～2年	中3～高1年	高2～3年		就　職
児童・生徒は自己についての自覚と自己の興味・能力の理解を深める					
児童・生徒は職業や仕事の個人的・社会的・経済的意義についての考え方や態度を発展させる					
職業的自覚 児童は,すべての仕事の世界が含まれている職業群のシリーズを理解することによって,職業についての学習を深める	職業的方向づけと探索 生徒は,自分で5～6の職業群を選んでその職業群について探索する	職業的探索の深化と特殊化の開始 生徒は一つの職業群を選び,一層深く探索する 実際に仕事につける程度の技能を身に付ける 希望によって職業群を変えることができる	特殊化 生徒は一つの職業群を決める(特殊化) 進学の準備をするか就職のための集中的技能訓練を受ける	100%希望する進路の実現	自営・各種学校・その他大学進学以外のプログラム 大学進学プログラム

図2.4　各学年段階におけるキャリア教育(連邦教育局キャリア教育概念モデル)
(出所:Borow, H. 編著,仙崎監訳,仙崎・中西・野淵共訳「新時代のキャリアガイダンス」月刊『キャリアガイダンス』1975年5月,日本リクルートセンター,p.107)

る②「職場を基盤とするモデル」を具体的に紹介する。

　「学校を基盤とするモデル」の目的原理は，ア）児童・生徒のニーズの重視，イ）知的・職業的教科の並行学習，ウ）進路選択力・自己実現能力の育成，エ）学校外教育資源の活用であり，方法原理はａ）教育活動全体での実践，ｂ）全職業を15群に分類，発達段階に応じた職業群の学習，ｃ）各教科への進路単元の注入，ｄ）学校外での進路体験活動の充実などとされた。ここでも職業教育的な色彩は日本のものより色濃く出ているが，なかでも方法原理のｃ「各教科への進路単元の注入」は特徴的である。これは《融合法》と呼ばれるもので，教科教育の教材やワークなどに職業世界や勤労に関わる題材を取り上げることを指し，職業・勤労に関わる技能や知識・態度を身につけ，同時に教科学習の動機づけを高める方法を指す（福地，1995）。例えば文学作品を読むことで仕事の世界についての作者の見解について討議したり，役所や銀行で実際に使われる書式を埋めながら，法律や金融の専門用語を知るなどの取り組みである。アメリカでは，教員に期待されている仕事は「授業をすること」であり，他の仕事は専門分化が徹底されている（佐久間，2007）。そのため日本とは異なり進路指導やキャリア教育はキャリアカウンセラーが受け持っていることから，このように授業のなかにキャリア教育を融合させるあり方が取り入れられたと考えられる。なおこうした融合プランの他にも，各学校・学年の教科・科目を特定（小学校＝全科，中学校＝英・数・理・社，高校＝英・社・生物）し，その教科担当教員が主として担当するコア・プランというものも存在した。

　次に「職場を基盤とするモデル」は，各種の事業所が学校に協力して，日本で行われている職場体験学習に相当するプログラムや，学校・教室に出向いて講演をしたり観察をさせたりといった《協同》と呼ばれる実践（福地，1995）がそれに相当する。

　しかしこのモデルに相当するプログラムが開始されて比較的すぐに，次の七つの課題をこのモデル自体が内包していることが指摘された（Hoyt, 2005）。それは，ア）経済界・産業界での必要な教育設備や人材の不足，イ）学校と企業の溝を埋めることへの雇用主たちの消極さ，ウ）しつけができておらず興味も

示さない生徒たちを受け入れた事業所からの不評，エ）雇用主たちが感じた，教員の仕事の肩代わりをさせられているという疑念，オ）企業にとってこのプログラムが利益にならなかったこと，カ）労働組合が実践している訓練生制度に対抗する存在と見られたこと，キ）労働できる下限の年齢以下の子どもを働かせ，賃金を出すことの法的問題，であった。このうちいくつかは，日本の職場体験学習でも起こりうる問題であり，その難しさが伺える。

4　アメリカのキャリア教育のその後

　1977年に制定された「キャリア教育奨励法」は5年間の時限立法であったこともあり，アメリカのキャリア教育はこの法律による1983年度までの連邦助成の予算措置を最後に一旦終結となった。1971年のマーランド長官の演説に端を発するこの教育改革運動が意外に短命であった背景には，連邦議会にもキャリア教育に異論を唱える人たちが多かったことや，歴史ある職業教育との理念上の確執，州のあいだに見られた温度差など，いくつかのことが挙げられる。またこの後に改めて本格的なキャリア教育運動が再燃しなかったのは，キャリア教育によってアカデミックな教育，すなわちいわゆる主要教科の学習が疎かになり，学力が低下することを危惧する世論があったからである。これについては日本のゆとり教育の揺り戻しにも通じるものがあり，キャリア教育に取り組むうえで，今後とも留意していかなければならない問題である。

　ただし，キャリア教育の思想がまったく受け継がれなかったわけではない。それは1984年に制定されたカール D. パーキンス職業教育法（1990年改正，1998年再改正）に代表される，種々の法制化や取り組みがあったからである。パーキンス法は当初，不利な立場の若者への職業教育平等の重点配分や総合的キャリアガイダンス・カウンセリングプログラムを提唱するものであったが，1990年と98年の改正では，職業教育とアカデミック教育の統合が再び目指されることとなった。「不利な立場の若者への職業教育平等の重点配分」は，結局職業教育の切り離しと拡充を意味し，その対象となった若者を救うことにならないとの評価と，技術革新によって単純労働がOA化される時代の流れに

沿わないものであったことが，方向転換の理由である。加えてアメリカの高校は義務教育であり（義務教育の修了年齢は州によって異なる），したがって公立高校の圧倒的多数は進学にも就職にも対応した総合制であるため，多様な科目開設と各科目の履修条件が卒業後の進路をトラッキング（方向づけ・制約）するものとして作用するという弱点をもつ。そこでトラッキングの負の機能を抑制する政策として，このパーキンス法や移行機会法（1994年）がつくられた。このうち後者は時限立法につき2001年に廃止となったが，前者と併せて若年者の就職支援に影響を与えた功績は大きい（藤田，2006）。

　パーキンス法で総合的キャリアガイダンス・カウンセリングプログラムが提唱されたことを受けて，スクール・カウンセラーの役割のなかに，上級学校や職業への移行を支援するためのキャリア・ガイダンスおよびキャリア・カウンセリングがしっかりと位置づいた。藤田（2006）が述べているように，日本のスクール・カウンセラーが危機介入型のカウンセリングに重きをおいているのに対して，アメリカのものは開発的・予防的な意味合いをもち，性質が大きく異なると言える。アメリカのスクールカウンセラーは，教科担任の教師とのチームティーチングによるキャリアガイダンス（進路指導）の授業を行ったり，生徒指導と統合した内容も含むグループ学習（例えば「対立状況・葛藤の解決」，「薬物乱用防止プログラム」など）を実施したりと，単なる相談員ではなく，児童生徒の全面的な発達を支援する活動を行っている。

5　日本のキャリア教育への示唆

　以上，アメリカのキャリア教育の長い歴史を駆け足で見てきた。マーランド長官の演説は画期的なものであり，キャリア教育が始められた経緯も現代の日本と共通する部分が多い。職業教育と分離されたアカデミック教科を座学で学ぶ従来の学校教育のあり方がいきづまっていたこともそのひとつである。しかし日本で，キャリア教育の本格実施に先立って取り組まれた職場体験学習が挙げた成果の大きさ（網，2002）を見ると，キャリア教育には期待できる部分が大きい。ただし，機能論としてのキャリア教育，すなわち「あるゆる教育活動

をキャリア教育にする」という考え方には，アメリカと同様に理解されにくい向きもある。また基礎学力が低下するという危惧をもつ人たちには同意されにくい部分があることは，アメリカの先行例から予測ができる。しかし，本節でも触れたように，こうした機能論としてのキャリア教育は，学習を動機づけたり，葛藤解決の力をつけるなど，いわゆる「生きる力」を子どもたちに獲得させるという意味で教育を活性化することが期待できる。先行例としてのアメリカのキャリア教育には，今後とも注目していく価値がある。

　ただし日本が今後キャリア教育を推進していくうえで，アメリカとの相違で無視できないことを指摘したい。それはアメリカでは(1)財政的な裏付け（連邦や州単位の助成措置）があり，(2)専門職のカウンセラーが行うキャリア・ガイダンスやカウンセリングがあることである。日本では，アメリカのように教師が職能分化しておらず，さまざまな役割を担ってしまっているために，これら二つの点についてはなかなか実現させにくい。しかし，日本でも始められている以下のような制度や実践によって同様の実践を可能にする下地があると考えることもできる。それは，㋐認定キャリアカウンセラーや産業カウンセラー等の資格（付随して臨床心理士・医療心理士の国家資格化の動き），㋑中学校での職場体験学習や高校・大学におけるインターンシップ，㋒中高一貫教育や高大連携による学校接続をスムーズにする動き，㋓総合的な学習の時間による教科の枠を超えた「生きる力」を養う試み，㋔高校の総合学科における実技教育とアカデミック教育を並行して学ぶ試みなどである。こうした制度や実践の機会をとらえて，日本なりのキャリア教育に取り組んでいくことが重要であろう。

第4節　イギリスにおけるキャリア教育

　イギリスと言えばニート（NEET; Not in Employment, Education or Training；労働をしておらず，学校にも通わず，職業訓練もしていない）という概念が生まれた国として有名になった。すなわち若年就労問題に悩まされているという点ではわが国と同じ悩みを抱えている国である。そこでこの国でのキャリア教育の歴史

と現状を見てみよう。

1　学校制度と社会階層再生産への批判

　イギリスの義務教育は5歳から開始され，16歳までである。かつてのイギリスでは初等学校を卒業すると，その卒業時の試験の成績を主たる判断材料として，グラマー・スクール（7年制の大学進学者向け），テクニカル・スクール（同じく7年制で職業技術系教科中心のもの），モダン・スクール（5年制で大学進学をしない人向け）の三つに分岐する制度を採用していた。しかしそうした分岐制度は，社会階層の再生産に結びつきやすいという問題を内包している。そうした批判が高まったため，現在では中等学校の大多数が総合制のものとなっており，ここでもアカデミック教育と職業教育が統合される動きが見られている。

　また中等学校修了時にはその資格試験を受けて，各科目ごとに合格することで義務教育の修了を証明することになっている。これも1980年代までは大学進学を希望する者と就職を予定する者向けに別々の資格試験が行われていたが，88年にはそれが中等教育修了一般資格試験として統一された。これも早期からの分岐を良しとしない方向での改革である。さらには職業資格の標準化も図られ，レベルごとにそれと同等の普通教育資格が確定されるに至っている。イギリスにおいてはこのように，普通教育資格と職業資格とを等しく扱う方向での改革がよく見られる。そこには社会階層の再生産を防ぎ，不平等を是正しようとする合意が伺える。ニートが問題になった，というより"発見"されたのはそのような社会的合意形成に向けた土壌があったからであると藤田（2008）は述べている。

2　エンプロイアビリティの向上

　イギリスのキャリア教育は中等学校に入ると1年生（11歳）から始められ，①自己啓発，②キャリア探求，③キャリア・マネージメントを柱に進められる。このようなイギリスのキャリア教育の中心にあるのは，「エンプロイアビリテ

ィ（employablity）の向上」であるという（高乗，2008）。エンプロイアビリティとは，「個人が雇用されうる能力」という意味で，終身雇用制度の崩壊や転職・再雇用が珍しくなくなったという雇用環境の変化を背景に日本でも脚光を浴びるようになった概念である。つまり社会でも通用する能力という意味合いで，日本のキャリア教育の目標とも重なる部分が大きい。

次項で紹介する「働くことに関係した学習」（Work Related Learning : WRL）もその一環であるが，同時に「アントレプレナーシップ」（entrepreneurship, 起業家精神）も重要な要素となっている。アントレプレナーとは，「リスクの引受人」というフランス語が語源にあり，現在では「起業家」と訳される。それゆえアントレプレナーシップとは「リスクを恐れず，それを引き受けながら新しいことに挑戦する精神」を意味する。ただしキャリア教育が起業家を育てるわけではない。起業家に典型的に見られる資質や能力，すなわち「チャレンジ精神や創造性を発揮しながら，新しい価値と社会を創造していこうとする意欲や能力」をつちかう教育がアントレプレナーシップ教育なのである。これは，前述のエンプロイアビリティにつながり，また重なるところはもちろんあるが，日本のキャリア教育で目指すところより高度なものである印象を受ける。ただし，スコットランドで2003年に出された答申で示されたアントレプレナーシップ教育（イギリスではエンタープライズ教育と呼んでいる）の目的は，「子どもたちが自信を深め，モチベーションを高め，仕事の世界と彼らに開かれている機会についての理解を深めるのに必要な，幅の広い経験を与えること」とされており，ほぼ日本のキャリア教育と重なるものと言える。イギリスでは1990年代から始められ，歴史は浅いといえば浅いが，一定の蓄積がなされている。高乗（2008）が紹介しているスコットランドの実践を簡単にまとめる形で概観してみたい。

スコットランドでは，教材の多くはナショナル・カリキュラムに沿って民間や公益機関が開発する。そのベースになる答申で，学校教育に対しては，(1)初等・中等学校のすべての生徒に毎年エンタープライズ教育を行うこと，そのために地方自治体やビジネス界と連携し，その計画開発を促進すること，中等学

校5，6年生には地域・国内のビジネスに関するケース・スタディをさせること，(2)中等学校の3年生（14歳）以上のすべての生徒が，資格に通じることに関連した職業体験の機会をもてるようにすること，(3)地方自治体は，エンタープライズ教育について保護者の意識と関与を向上させるよう計画・実行すること，を挙げている。

　(1)に関して多くの教材が開発され，しかも学校や教員に裁量を与えて選ばせるため，その淘汰が進み，より良いものが開発されている。教材の内容としては，例えばお店づくりやパーティーなど，児童に親しみやすいさまざまなプロジェクトを実施する体裁をとっている。そこで重視されるのは，(ア)子どもたちに責任をもたせ，自分（たち）自身で決定させること，(イ)ほんとうに自分たちで実行させることである。それは，例えば店作りの事業であれば，広告方法，資金計画，資材調達，市場調査，製造，販売といった一連の内容から構成されている。一通りの過程を終えた後には，振り返る活動があり，そこでは自己について学ぶとともに，今後の自分の将来に夢と見通しをもつためのワークを行う。こうした実践は，日本でもキッズ・マート，キッズ・タウンといった名前で試みられている。

3　ニート問題への対応

　イギリス国内でニートが問題にされたのは1999年であった。16歳で義務教育を終えたものの，進学もせず雇用もされず，職業訓練も受けていない若者は18歳までの集計で16万人以上も存在し，同年齢人口の約9％にも達するとの報告がなされた（日本でニートとしてカウントされるのは15〜34歳であり，定義によっては家事従事者も含んでいるものもあるので，量的な比較はできないことに注意されたい）。当時の労働党政権の首相ブレアはその現状に大きな危機感を抱いた。それは90年代になっての実証研究によって，若者が失業・無業状態でいるのは本人の働く意欲などの問題ではなく，社会経済構造そのものが影響していることがわかってきたからである。ブレア首相は専門部署として「社会的排斥予防局」を創設し，調査と対策にあたらせた。

現在でもイギリスのニートは同年齢層の9％台を占めるが、ここ数年、少しずつ減少傾向にあるという。これにはイギリス国内でのキャリア教育や就業支援が奏功してきた可能性もあり、その対応はわが国の参考にもなるであろう。その策は、在学中の14～16歳の全生徒を対象にした「働くことに関係した学習」（Work Related Learning : WRL）と、13～19歳までのすべての若者を対象とした「コネクションズ政策」である。

　「働くことに関係した学習」（以下、WRL; 2004年から開始）とは、従来から存在した学校教育から職業生活への移行支援に付加される形で提供が義務づけられたものである。従来からも10・11年生が行う職場体験学習やキャリアガイダンス、クロスカリキュラム実践（教科の枠を超えて経済教育や市民性教育などを行うもの）の形でキャリア教育に相当することは取り上げられてきたが、例えば職場体験学習はパートタイム的なものであり、より総合的な職場体験を求めて充実を図った。WRLでは、①働くことを通して学ぶ、②働くことについて学ぶ、③働くために必要な技能を学ぶという三つの要素を盛り込み、全教育活動を通して、仕事・労働・職業・勤労と結びつけた学習をさせている。①は文字通り働く実体験を伴う学習で、アルバイトや起業経験などを指す。②は働くことや経済、産業などに関する知識・理解を深める学びを指す。③は起業や雇用可能性に関わる技能を向上させるものである。これらの学びを支援するために、地域レベルおよび全国レベルでの組織も作られており、例えば必要な情報を提供したり、勤労体験を行う生徒への観察や支援を補助するなど、バックアップの役割を果たしている。

　学校教育でこれだけ充実した実践や支援を行っても、学校を離れた者や不適応を起こした者への対応は不十分なものとなってしまうが、イギリスでは2001年から導入されているコネクションズ（Connexions）政策がその歯止めを試みている。これは13歳から19歳のすべての人を対象として行われる包括的・統合的な支援である。主な活動は学校における情報提供・ガイダンスと、学校を離れた後でも若者の進路を把握し続けて、適切なサービスを提供することである。運営は自治体や企業、関係機関の責任者などからなる理事会が担当し、

そこから委託を受けた民間の機関（キャリア・カンパニー）と地方自治体であるという。そこから派遣されたパーソナル・アドバイザーが学校の内外において個別にアドバイスや支援を行っている。学校を離れても支援の糸が切れないように，CCISs（Connexions Customer Information Systems）という個人情報の追跡データベースも作成している。これは学校から基礎となるデータを受け取り，個人が学校を離れた後も定期的な接触をして，データベースを更新していくことになっている。

4　日本のキャリア教育への示唆

　日本でも社会階層の再生産の問題は教育社会学の分野で指摘されており，その解消に向けてさまざまな努力を重ねてきているイギリスのあり方には今後も注目していきたい。そのあり方のひとつとして，アカデミックな科目と職業系の科目の統合は日本でも待たれることのひとつである。工業学科や商業学科，農業学科といった専門学科，あるいは専門高校は，普通科の高校に行けなかった人が受験するところという風潮が日本でも残っているが，職業の貴賎意識を醸成しないためにも，それはなくされなければならない。イギリスのように普通教育資格と職業資格が同等に見なされるような努力も意味があるが，統一的な職業資格がない日本ではなかなか難しいことであろう。しかし小学校のうちから，観察や訪問，体験などによってさまざまな職業に接することで，子どもたちがさまざまな視点で職業を捉えられるようになるのではないだろうか。また現代は，さまざまな技術革新によって，例えば旋盤工の熟練作業がNC（Numerical Control）旋盤というコンピュータ制御の機器に置き換えられるなど，アカデミックな学科の知識がいっそう求められる時代である。したがって，アカデミックな学科の知識を職業に必要な知識と結びつけ，教科の教育を職業にも生かせる内容やあり方にしていくことが求められる時代であると言える。なおわが国では現在，小学校から大学までのキャリア教育のあり方が議論されており，日本独自の構造が示される日も近いと思われる。今後の動静に注目しておいてもらいたい。

アントレプレナーシップ教育については，日本でも部分的に試みられてはいる。ただ自校で行うにはノウハウに乏しい場合も見られ，そのためNPO（非営利組織）との連携によって行われていることが多い。NPOはその趣旨からして，自治体や民間企業では難しい事業を手がけていることから，こうした実践を検討する際には是非選択肢に含めたい。ただ予算的・時間的に難しい場合でもあきらめるのではなく，従来の学校行事のなかから，子どもたちの手に委ねられる部分を多くすることで，それに類する成果を上げることができると考えられる。なぜならキャリア教育としてのアントレプレナーシップ教育は，決して起業家教育のために行うものではなく，その目指すところは日本のキャリア教育の目標ともほとんど重なるからである。

　最後に，支援の網目からこぼれる若者については，日本でも例えば高校中退者や早期離職した若者を見るとわかるように，同様に問題になっている。しかし昨今の個人情報保護の趨勢とマンパワーの少なさからみて，イギリスのコネクションズ政策と同様のものは難しいであろう。したがって，義務教育段階におけるキャリア教育が，先にもふれたアントレプレナーシップ，すなわち困難な状況にも自ら動き出し，また挑戦できる能力を育てることにはいっそうの期待をしたい。またジョブカフェのような政策が，今後ともより進んだ支援ができるよう，期待したいところである。　　　　　　　　　　【若松　養亮】

引用文献

網麻子（2002）『トライやる・ウィーク―ひょうご発・中学生の地域体験活動』神戸新聞総合出版センター

岡田昌毅（2007）「ドナルド・スーパー：自己概念を中心としたキャリア発達」渡辺三枝子編著『新版キャリアの心理学』ナカニシヤ出版

佐久間亜紀（2007）「教職とはどんな職業か―データに基づいた教師教育改革のために―」『BERD』10，ベネッセ教育研究開発センター

下村英雄（2008）「最近のキャリア発達理論の動向から見た『決める』について」『キャリア教育研究』26，31-44．

仙﨑武（2000）「キャリア教育の系譜と展開」仙﨑武編『キャリア教育読本』教育開発研究所

仙﨑武（2008）「米国におけるキャリア教育の沿革と推進」仙﨑他編著『キャリア教育の

系譜と展開』雇用問題研究会

高乗秀明（2008）「キャリア教育―『自立』と『社会参画』を育てる」杉本・高乗・水山『教育の3C時代―イギリスに学ぶ教養・キャリア・シティズンシップ教育』世界思想社

中野良顕（2001）「指示的・特性因子論的カウンセリング」吉田辰雄他編『21世紀の進路指導事典』ブレーン出版

藤田晃之（2006）「アメリカのキャリア教育と就業支援」小杉礼子・堀有喜衣編『キャリア教育と就業支援』勁草書房

藤田晃之（2008）「EU主要国におけるキャリア教育の取り組みと展開」仙﨑他編著『キャリア教育の系譜と展開』雇用問題研究会

福地守作（1995）『キャリア教育の理論と実践』玉川大学出版部

堀越　弘（2007）「マーク・サビカス：キャリア構築理論」渡辺三枝子編著『新版キャリアの心理学』ナカニシヤ出版

文部科学省（2004）『キャリア教育の推進に関する総合的調査研究協力者会議報告書―児童生徒一人一人の勤労観，職業観を育てるために―』

若松養亮（2006）「教員養成学部生における進路探索行動と意思決定の関連―11月時点の3年次生を対象に―」『滋賀大学教育学部紀要（教育科学）』56, 139-149.

Erikson, E. H. (1950) *Childhood and Society*. Norton & Company, Inc.

Holland, J. L. (1997) *Making Vocational Choices: Theory of vocational personalities and work environments* (3rd ed.). Odessa, FL: Psychological Assessment Resources.

Holland, J. L., Daiger, D. C., & Power, P. G. (1980) *My vocational situation*. Palo Alto, CA: Consulting Psychologists Press.

Hoyt, K. B., Stein, J., Katzman, S., Gahris, C., & Wickwire, P. N. (2005) *Career education: History and future*. National Career Development Association.（仙﨑・藤田・三村・下村（訳）『キャリア教育―歴史と未来』雇用問題研究会）

Parsons, F. (1909) *Choosing a vocation*. New York: Agathon Press.

Savickas, M. L. (1994) Vocational psychology in the postmodern era: Comments on Richardson's proposal. *Journal of Counseling Psychology*, 41, 105-107.

Savickas, M. L. (2005) Career construction: A developmental theory of vocational behavior. In D. Brown & Associates, *Career choice & development* (4th ed.). San Francisco: Jossey-Bass.

Super, D. E. (1990) A life-span, life-space to career development. In D. Brown, L. Brooks, & Associates, *Career choice & development* (2nd ed.). San Francisco: Jossey-Bass.

Super, D. E., Savickas, M. L., & Super, C. M. (1996) The life-span, life-space approach to careers. In D. Brown, L. Brooks, & Associates, *Career choice & development* (3rd ed.). San Francisco: Jossey-Bass.

Vondracek, F. W., Lerner, R. M., & Schulenberg, J. E. (1986) *Career development: A life-span developmental approach*. Hillsdale. NJ: Erlbaum.

第3章　キャリア教育実践上の鍵

　キャリア教育の実践に取り組むとき，「成功したプログラム例を参考にしたい」という思いが脳裏をかすめ，できるだけ実践しやすい例を探すことから始めることはないだろうか。もちろんよい実践例を参考にするのは理解を促進するのに役立つ。しかし，キャリア教育の推進に関する総合的調査協力者会議による「報告書」(2002) にも指摘されているように，キャリア教育は「教育改革の理念であって，特定のプログラムを意味しない」のである。

　そこで，本章では，第5章で紹介する実践例を効果的に活かして，各学校独自の実践をするための四つの基本的な鍵となる概念を紹介しておきたい。

第1節　第1の鍵：「キャリア発達」についての理解

　まず，キャリア教育の定義を再度，思い起こしていただきたい。「キャリア教育とは『キャリアの概念』に基づいて，児童生徒一人一人のキャリア発達を支援し，それぞれにふさわしいキャリアを形成していくために必要な意欲・態度や能力を育てる教育である」(報告書，2004)。この定義からも明らかなように，キャリア教育の実践に当たっては「キャリア発達」の概念を理解することは不可欠である。

1　「キャリア発達」という視点

　キャリア教育の意義は「従来の教育のあり方を広くみなおし，改革していくための理念と方向性であって，特定のプログラムをさすものではない」ことはすでに述べたとおりである。従来の教育を見直し，改革していくとあるが，具

体的には「何を，どのように見直し，改革したらよいのだろうか」。その問いへの解答は，「キャリア発達の視点にたつ」ことを理解することで得られるであろう。

　教職にある者はみな，児童生徒の「全人格的な発達を促すことを目標」として日常の教育活動を行っていることはいうまでもない。発達的視点は全教育活動の基礎的枠組みであることも周知のことである。教科活動が知的側面の発達を中核としながら全人格の発達を促し，特別活動は主として情緒的・社会的発達の促進を通して全人格的発達に寄与するのと同様，キャリア教育は，一人ひとりのキャリア的側面の発達を中核にしながら，知的・情緒的・社会的発達を促進させていこうとする考え方である。

　キャリア発達というと，スーパーの理論に代表されるように，研究者の提唱した個々の特定の理論を思い出しやすいが，「キャリア発達」自体は特定の理論を指す文言ではない。教育の目標は個々人の全人格の発達といわれるが，その全人格とは知的側面や情緒的，社会的，身体的側面と同様に，キャリア的側面もあるということを仮定している。そして全人格の発達とは，キャリア発達も含め，それ以外の多様な諸側面それぞれの発達を意味するだけでなく，それらの諸側面の発達が相互に作用しあうことによって促進される，という理念を意味している。

　なお，知的発達や身体的発達，情緒的発達などについてはさまざまな理論が存在するように，キャリア発達理論にも，第2章で紹介されているように，複数の理論がある。それは，人間行動やその発達の様相を研究対象とする心理学にいろいろな理論的立場があるからである。

　しかし，すべてのキャリア発達理論は，発達心理学を枠組みとしている点で共通している。すなわち，キャリアに関係する行動は固定的なものではなく，発達し続けるという視点である。言い換えれば，「『仕事や役割にかかわる個人の行動の構造と機能』が生涯にわたって順次的に形成および変化する」ことを仮定するということである（大庭，2007）。

　また，キャリア発達の視点では，個人が種々の仕事や役割とかかわる『過程』，

さらには，個人のキャリア行動の構造が変化する『過程』に焦点を当てる。言い換えれば，夢やあこがれのように実現は困難ではないかという思いであっても，そのままを実際に目ざす対象と見るのではなく，むしろ，それを仕事や役割，社会に対する「個人の関心の表現」ととらえ，夢やあこがれがどのようにして生まれたかに関心を持ち，児童生徒が，自分がどのように，特定の夢やあこがれをもつようになったかを認識できるようにすることが肝要である。つまり，夢やあこがれが，即，個人の能力と一致しているかどうか，将来実現する可能性があるかどうかを客観的に判断したり，また適性とか個人の興味や関心を実現できる適職の探索にただちに結びつけないことである。

なお，第2章で紹介されたキャリア発達に関するいろいろな理論も個人のキャリア行動の発達過程についてそれぞれ独自の視点を展開しているので，具体的なプログラム開発やキャリア教育の具体化にあたっては役に立つ情報として活用できる。しかし，付帯的にキャリア教育を効果的に実践するための鍵となる概念は，「人は生涯発達する存在である」という「発達論」の考え方を理解することである。そこで簡単に，「発達」と「教育」の関係について要約しておきたい。

2　発達と教育の相互関係

教員はだれでも「教育が全人格の発達を促す行為である」ことは熟知しており，「発達」と「教育」の相互作用を常に意識して活動していることであろう。そこで，ここでは，簡単に，キャリア教育実践の鍵として「教育がキャリア発達の促進にとって重要な役割を持っていること」について復習しておきたい。

(1)　「教育」の意味についての再確認

キャリア発達を促すことを目的としたキャリア教育を実践するにあたって，教師は改めて，「自分は『教育』をどのようにとらえているのか」，「教師の役目をどのようにとらえているのか」を自問自答してみるという課題がある。教育とは単に多くの知識を提供することでなく，既存の知識の上にたって，一人ひとりが新たな発見をしたり，自分の体験を超えた新たな行動がとれるように

なる力を培い，発達させることを目指しているはずである。キャリア教育とはキャリアについての理論や職業についての知識を習得することが究極的目的ではないことを再度強調しておきたい。たとえば，職業や産業についての知識とのかかわりについて，キャリア教育は，児童生徒が自分から職業についての知識や情報の探索，活用，評価の力を育てることを重視し，さらに，キャリアを構築するのに必要な力や態度を育て，それらを個々人が使えるようになることを教育の目的と考える。少なくともキャリア教育はそのような教育観に立っているからである。

(2) 発達と教育の相互作用を実践すること：「発達は自然には起こらない。働きかけ（教育）が不可欠である」

ひとは，年齢とともに自然に発達できるわけではない。たとえば，知的発達でも明らかなように，外部からの刺激や学習の機会が与えられなかったら，新しい知識を習得することは困難であり，学習の意欲を発達させることもできない。そのため，知的発達は遅々として進まず，発達も非常に偏ってしまい，その結果として，個人の持ち味を伸ばす機会が遅れてしまうであろう。社会的発達についても同様のことがいえる。社会一般のしきたりやしつけ，意見の違う人との付き合い方は，外部から教えられなければ身につけることはできない。まして，将来の自立に必要な能力は，自立する年齢に達したら自然と身につくものでもなく，知識がどんなに豊かであっても，自立に必要な能力が習得できているわけでもない。自立の大切さを知的に理解しているだけでは自立できるわけでもない。自立した行動が取れるようになるためには，教育をとおして，自立に必要な能力を自分で実践できるようになる支援が必要である。

キャリア教育が目指す「価値観の形成，主体性，社会との積極的な関わり，自己責任を果たす力や態度」も，社会に巣立つ年齢，就職する年齢，あるいは結婚する年齢に達したら自然と獲得されているというものではない。広い意味の教育をとおして，徐々に発達させられなければ，獲得できない力であり態度であるという考え方を土台としている。発達を促すためには，児童生徒に働きかける「教育の存在意味」があるといえよう。

さらに,「キャリア」を体験の累積ととらえるという定義に立つ場合,教育のもつ発達的意味を理解するか否かで,その実践内容や実践の過程は異なることを再認識しておく必要がある。キャリア発達を促すためには,児童生徒が単独では気付かない,あるいは自分からは積極的に求めないような体験の機会を外部から提供される必要がある。児童生徒に体験の機会を任せきりにしていると,彼らの過去の体験の範囲にとどまらせてしまう結果となり,発達を促すことにはつながりにくくなる。小学校,中学校で職場体験を実施するとき,児童生徒が興味・関心をもつ職場や職業で体験できるように体験場所を探すことに実践の大半のエネルギーを費やす教師の話を聞くことが多い。それでも希望をかなえられないと苦慮し,職場体験の意味を疑問視するようになる学校も少なくない。ここには大きな誤解がある。興味・関心は児童生徒の過去の体験に基づくものである。何らかの接触がない職業や職場には興味がわかないのである。もちろん児童生徒の興味・関心を重視するのは,未知の学習への動機付けを高めることであり,興味や関心をもてない新たな職業や職場に挑戦する勇気を与えるためであることを忘れてはならないであろう。幼い子どもの興味・関心を重視することで,子どもたちの興味や関心を広げ,豊かにする機会を失わせる恐れがある。

　キャリア教育は,児童生徒が将来生きていく社会が予測できないほど変化に富むものになるという現実認識に立つ。したがって,「現時点」で将来を決定することを目的とはしない。むしろ,予測できない時代に生きるためには,知らないことに興味・関心を抱き,予期せぬことに恐れを持たず挑戦する態度と力を育てることこそ今できることであると考える。

　昨今,キャリア教育では「体験学習」が重視されているため,体験させることが目的と誤解されやすい。しかし,キャリア教育は児童生徒が体験を累積することを目的とはしない。体験したことの意味に気付き,自分の体験を価値付けることができることを目標としている。この目的を達成するためには,新たな体験の機会を提供するとともに,体験した自分を振りかえる機会を設定し,その価値づけができるように働きかけるような「教育のあり方」を検討するこ

とが重要となるであろう。この点については第4の鍵（p.96）で再度紹介する。

第2節　第2の鍵：「自立的に生きる力」の理解

キャリア教育は，キャリアについて教育することではない。まして，職業を体験させることでもないことは上述したとおりである。キャリア教育は，「将来社会人，職業人として自立できるために必要な力や態度を発達させる」ことを目標としている（文部科学省，2010）。そこで，キャリア教育実践にあたっての2番目の鍵は，「自立的に生きるための力・態度」とは何か，を理解することである。

1　「自立的に生きる」とは

日本の法律では20歳に達することで成人と認めることになっている。しかし，20歳過ぎても自立しているとは言い難い成人も多く存在することが日本社会の昨今の問題となっている。どういう状態になったら自立できていると言えるのであろうか。『広辞苑（第6版）』によると，自立は「他の援助や支配を受けず，自分の力で判断したり身を立てたりすること。ひとりだち」と定義されている。自立は，単に経済的な独り立ちだけでなく，精神的な独り立ちを意味している。具体的に自立できている状態について考えてみたい。

(1)　「他の援助を受けない」という意味の理解

経済的のみならず，精神的，社会的に，他からの援助に頼らないで生きられること，すなわち「他の援助を受けない」とは，他者からの援助をすべて拒否するという意味ではない。自立していても必要に応じて，一時的に援助を受ける場合もある。他者の援助を受けるとは，一般的には，他の援助に依存しない，あるいは他の援助がないと自力では生きられないような状態ではない，という意味である。この条件は年齢や，社会構造，心身の状態によって異なる。経済的自立と精神的自立は別である。心身の障害で，移動など物理的環境においては他の援助が必要であっても，精神的，社会的に自立できる。逆に，社会的に

は自立していても精神的に他者に依存している場合には，精神的に自立しているとは言い難い。必要に応じて他の援助を受けられることも自立している状態である。

(2) 「他の支配を受けない」という意味の理解

　この表現は誤解されやすい。「他の支配を受けない」というのは「自分で判断して，自分で責任をとるから誰の世話にもならない」ということではない。結果的に，他の人に迷惑をかけ，他の人の自由や価値を傷つけ，他の人の存在を無視するような自己中心的な独りよがりを助長しかねない。

　「他の支配を受けない」ということは，自分が自分の支配者であるということであり，自分で判断し自分の責任で自分の行動を決め，その結果を自己評価して改善することができる，ということを意味する。それが自立できている状態である。いわゆる自己管理ができている社会的自立ができている状態を指している。その逆の状態は，他の判断にすべてをゆだね，その人の命じるままになるような状態に，自分を置いているということである。

　情報化の現代は，他人の支配を受けないと思っている人の中に，実際はマスメディアやインターネットの情報を無批判に信じ，それに従って行動している人が目立ってきている。現代は気付かないうちに見えない他者の意見や，見方や価値観に支配されやすくなっている。

　キャリア教育は，学校教育を受けている間に成人と同レベルの自立した状態になることを目標とはしていない。発達段階にふさわしい「自立行動」が取れることに意義がある。

(3) 「自分の力でたつ」意味の理解

　自立のもう一つの，もっとも重要な要素は「自分の力でたつ」ことではないかと思われる。言い換えれば「自立するのは自分自身である」という自覚と自信をもって行動できることである。

　ここで挙げた「自立できている状態」とは目標であり，このような状態に向かって，徐々に基礎的な力と態度を習得し目標に近づくことが重要なのである。小学生時代から，大人と同じ自立を求めることがキャリア教育ではない。小学

生のように他者への依存度が高い時期には，まずは「学校や家庭が居場所と感じられ，教師や仲間から大切にされる体験」が重要であり，その体験をとおして，自分の存在自体に自信も持てるようになることで，他者の存在を認め，共存できる力が育てられる。

　中学・高校の諸活動のなかで，知的発達を促進させると同時にその後論理的・批判的思考能力を習得していくために役立つことがらを経験できるようにするのがキャリア教育である。論理的・批判的思考能力を育てるためには，自分の意見や感じたことを相手に通じるように表現できることだけでなく，他の人の感じ方や意見から学び，自分の考えと異なるものを受け入れる力と態度を育てる必要がある。独りよがりではく，意味のある評価，批判する力を持つためには，観察力，知識欲，情報探索能力も大切になる。

　このような自覚と自信は，成人としての自立が求められていない年齢段階に，他の人との接し方をとおして，「自分の存在を大切に思える」体験ができたり，「他者から大切にされる」体験ができることが土台となるといわれている（エリクソン，1973）。

2 「自分に問いかけ，答える力」

　将来自立的に生きるための力として，もっとも基礎的で誰にでも求められる力は，「各個人が自分自身と向かい合って自分に問いかけ，自分に答える力」である。日常生活でのさまざまな体験をする機会に，児童生徒が「自分はその体験を通して何を感じ，どんな知識を持っていたか，新たに何を学び，何にどのように気付いたか，また，自分がその体験にどのようにかかわり，今後どうしたいか」等々と自分に問いかけ，それに答えることによって育てられる力である（渡辺と神戸大学附属明石中学校，2009）。「自分に問いかけ，答える力」とは，別の言葉では自分自身の情緒的体験や思考を内省し，吟味する力である。この力は，一人ひとりが自分の行動の主人公となり，能動的で，主体的な意思決定をするのに不可欠の力である。

　自分に向かい合って考える力は，考える力や観察する力，学習力などと同様，

発達段階によって具体的なレベルは異なる。しかし，累積的に発達させられる基礎的な力である。たとえば，「国語の授業での小テストで前回よりはるかに良い成績が取れた」という体験をした児童の場合を考えてみたい。それが小学生低学年なら「うれしかった」とか「がんばったから」「家の人に褒めてもらえると思う」というような感情的側面の自己吟味で十分である。しかし，中学生なら「うれしい」という感情だけでなく，「復習したからかもしれない。復習すればよい成績が取れる自分であることに気付いた」というふうに，客観的に自分の過去の体験を吟味できるようになると期待できる。さらに，小テストの成績が本当に自分の学習の成果を表しているかどうかを吟味するようになる。

「自分と向かい，自己を振り返って，自己の体験について考え，自分に問いかけ，自分で答える力」は発達的に育てられる力と態度である。そして，教科活動においても当然であるが，キャリア教育で，体験学習が重視されるのは，体験学習こそこの力を育てる教育的な機会となるからである。

3 「社会との相互作用の中に生きること」の認識

「自立的に生きる」ためには，自分が社会の一員であることを認識し，社会，言い換えれば，他者との相互作用の中で生きることを理解することが不可欠である。人はだれ一人として，孤立してひとりで生きていくことはできない。意識しているかどうかは別として，他者との関係の中に生きている。自立的に生きるとは，すでに述べたように，社会のなかで多様な他者と共存しながら，自分らしく生き生きと生きている状態である。個人は同時に複数の社会とかかわり，それらの社会と相互作用しながら，生活している。

キャリア教育では，特に児童生徒が社会と接続する機会を作ることで，社会性を育成することを重視している。社会と接するという場合，人は同時にいくつもの社会の中に生きており，それぞれの社会は相互に関連し合っているという現実を認識しておくことが大切である。子どもは，たとえば，家庭，学級，学校，地域社会，産業界・職業の世界，日本，アジア，地球等々の中で生きているのである。

4 「最も身近な社会としての学校」を再認識

　キャリア教育の必要性が叫ばれるようになった背景の一つとして，「社会の激しい変化の影響をうけて，学校から社会への移行をめぐる様々な課題」の深刻化が挙げられている。言い換えれば，学校教育が社会とかい離してしまったという批判である。ここでいう社会とは，学校教育機関を離れた後の生活空間を指しており，具体的には，暗黙裡に産業界，職業界を指している場合が多い（渡辺，2008）。

　そのため，キャリア教育の実践にあたって，教育関係者自身や保護者のあいだでも「教師は社会との接点が少なすぎるし，社会を知らない」，したがって，「キャリア教育は教師には無理である」とか「産業界の人や地域の人に実践してもらうほうが成果があげられる」，また「職場体験をさせなければならない」と確信している人が少なくない。しかし，学校も社会の一形態であるし，教師も職業人であることを忘れてはならない。キャリア教育の実践においては，改めて「社会とはなにか」についての正確な認識が求められる。

　『広辞苑（第6版）』によると，「社会とは，人間があつまって行動し，共同生活を営む際に，人々の関係の総体が一つの輪郭をもって現れる集団」と定義されている。この定義にしたがえば，児童生徒にとって，学校，学年，学級はまさに最も身近な社会である。もちろん，上述したように，児童生徒は学校以外に，家庭，地域社会にも同時に属しており，それらの多様な社会との相互作用の影響を受けている。

　しかし，学校は，子どもたちが将来おとなとして自立的に生きていかなければならない環境，すなわち職業界，産業界という組織社会と類似しているといえる。ある目的のためにあつまり，目的達成のためにかかわりをもつ人々の集まりだからである。学級は，背景を異にする子どもたちがあつまって，共同生活を営みながら，その中で目標を持って，様々な活動や行動を繰り広げる場であり，子どもたちの関係の総体である。

　学級，学年，そして学校は，本来児童生徒の社会性の発達を考慮し，人格の成長を促進しやすい集団として構成されている。それはキャリア教育の目標で

ある社会的自立の土台となる「社会性を育成させる最強の場」であり，最も身近な社会であることを認識して，日常の教育活動を見直すことがキャリア教育実践上の鍵である。

第3節　第3の鍵：「職業観・勤労観の育成」の意味の理解

キャリア教育の目標は，「端的にいえば職業観・勤労観の育成である」と定義されている。したがって，「職業観・勤労観」の意味を正確に把握しておくことは，キャリア教育の実践上，不可欠である。

1　「職業観」，「勤労観」とは

『児童生徒の職業観・勤労観をはぐくむ教育の推進に関する調査研究報告書』（以下，「調査研究報告書」と呼ぶ。国立教育政策研究所，生徒指導研究センター，2002）によると，「社会や企業が求める人材を養成することといった役割を超えて，すべての子どもたちが自立し，他者と協働して，生きるために身につけなければならない最低限の力を育むという重要な意味を持っている」とことわったうえで，職業観・勤労観を次のように定義している。

>　「『職業観・勤労観』は，職業や勤労についての知識・理解，及び人生で果たす種々の役割の意義についての個々人の認識であり，職業・勤労に対する見方・考え方，態度を内容とする価値観である。その意味で，職業・勤労を媒体とした人生観ともいうべきものであって，人が職業や勤労を通してどのような生き方を選択するかの基準となり，また，その後の生活によりよく適応するための基盤となるものである。」(p.20)

言い換えれば，職業観・勤労観とは，個々人の行動や生き方を選択する基盤となる価値観の一側面であり，なかでも，自分にとっての働くことの意味付け，さらには，職業生活の意味付けにかかわる価値観である。

2 望ましい職業観・勤労観とは

　上述の定義でも明らかなように，キャリア教育は，特定の職業観・勤労観を望ましいものとして一律に教えることを決して意味していない。しかし，ときとして，「望ましい職業観・勤労観」という文言は，特定の，あるいは社会一般から期待される職業観・勤労観を前提としているという誤解を与える場合があるので，望ましい職業観・勤労観の意味とその育成の土台にある考え方を理解しておくことは重要である。

　「調査研究報告書」では，「子どもたちが働く意義や目的を探求し，一人一人が自分なりの職業観・勤労観を形成・確立していく過程を指導・援助することが大切である」とことわったうえで，望ましい職業観・勤労観を次のように説明している。

　　「職業観・勤労観の形成を支援していくうえで重要なのは，正しいとされる一律の『職業観・勤労観』を教え込むことではなく，生徒一人一人が働く意義や目的を探求し，自分なりの職業観・勤労観を形成・確立していく過程への指導・援助をどのように行うかである。ひとはそれぞれ自己のおかれた状況を引き受けながら，なにに重きを置いて生きていくかという自分の『生き方』と深くかかわって，『職業観・勤労観』を形成していく。『生き方』が人によって様々なように，『職業観・勤労観』も人によってさまざまであってしかるべきであるからである。」(p.21)

　一律の価値観を教え込むことの危険性と同様に，子どもたちの価値観に従うことという危うさも秘めている。すなわち，後者の危うさとは，個人の職業観・勤労観を大切にするということが誤解され，仕事に対する責任の低下，やりたいことに過剰にこだわったり，努力することを忌避して安易にあきらめたりする，社会的責任を回避するような行動を是認することと解釈される恐れがあるということである。個々人の価値観を大切にするということは，価値観の多様性を尊重することであり，自分の価値観とともに他者の価値観も尊重する姿勢を前提としているのである。

　望ましい職業観・勤労観の獲得のためには，多様な価値観が存在することを

認識できること，さらに，それぞれの職業観・勤労観にもとづく行動や人生の意味付けの違いを認める態度の育成が土台となる。

　他方で，価値観はひとによって異なってよい。そのいみで多様性をみとめ，大切にすることは重要である。しかし，他方で，多様な価値観には共通する要件もある。それが『望ましい職業観・勤労観』である。その望ましさの要件として，「調査研究報告書」では以下のような要件をかかげている。

　「基本的な理解・認識面では
　㈦　職業には貴賎がないこと
　㈸　職務遂行には規範の遵守や責任が伴うこと
　㈹　どのような職業であれ，職業には生計を維持するだけでなく，それを通して自己の能力・適性を発揮し，社会の一員としての役割を果たすという意義があることなど

　情意・態度面では
　㈠　一人一人が自己及びその個性をかけがえのない価値あるものであることを自覚
　㈦　自己と働くこと及びその関係についての総合的な検討を通した，職業・勤労に対する自分なりの構え，
　㈸　将来の夢や希望の実現を目指して取り組もうとする意欲的態度　など，がそれに当たる。」(pp.22-23)

3　児童生徒にとって「働くとは学ぶこと，生きること」

　「職業観・勤労観の育成」の意味を理解して，キャリア教育の実践に当たることは，キャリア教育がその目標を達成できるかどうかを決定する非常に重要な鍵である。というのは，職業観・勤労観と聞くとただちに，就職とか，企業で働くという意味での職業や職種を思い起こすことが少なくないからである。ここでも，キャリア教育が，将来職業人として自立するための「基礎的態度や能力，特に，自分の職業観・勤労観を発達させることを目標とする」，というキャリア発達的視点を思い起こす必要がある。キャリア発達の視点とは，個人

が仕事や役割とかかわる過程をとおして，言い換えると，「働く」という体験をとおして，将来社会人，職業人として，自分の働く意味，価値観を獲得していくための基礎的態度や力を育成することを目標として日々の教育活動を行うことである。

職業だけを意味するわけではないことに気づくことがキャリア教育の鍵である。働くことの内容や仕事の具体的内容は年齢によって異なる。発達段階ごとの課題を着実に達成することと言いかえることもできる。職業に就いている人にとっては，働くことは職業生活で求められる「仕事」を遂行することであることにはちがいないが，休日などにボランティア活動に参加していれば，ボランティアで責任をもってかかわる「仕事」も働くことである。家庭を持っていれば，その人にとっては家事や育児，介護等も「仕事」である。

「働くこと」とは，実は社会とのかかわりを見つける大切な行為でもある。たとえば，どこの学校でも係活動は実施されている。児童生徒は，係活動とは呼ばないが，生徒会活動やボランティア活動，部活動などでも様々な役割に従事するように工夫されている。これらは「働く体験」である。このような仕事に従事することで，学級あるいは学校という社会の一員であることを体験するのであり，このような体験が，将来，さらにより広い社会において，職業人として，家庭人として様々な役割を果たすことにつながっていくのである。

また，児童生徒は家庭で家事の手伝いをし，あるいは地域の活動等に参加して何らかの役割を果たす機会をもつ。これらもみな，児童生徒にとっては社会とのかかわりであり，「仕事」であり，そのような活動にかかわることが「働くこと」である。

係活動も働くことであるが，学校を主な「生きる場」つまり主要な生活の場としている児童生徒にとって，最も重要な仕事，すなわち「働くこと」は教科活動を中心とした学校での学習活動であることを認識することこそキャリア教育の課題である。生涯発達心理学者のエリクソン（1973）は，児童生徒時代を「学ぶ存在としての自己を経験する時期」であると名づけ，児童生徒にとって「学ぶこと」が発達課題として危機的な重要な意味をもつことを指摘した。つ

まり，人生の中でこの時期は，学ぶことが働くことであり，かつ生きることである。子どもたちは，小学校に入ることによって，人生で初めて，学ぶことで自己評価し，他者から評価されることを経験するのである。学ぶ体験をとおして自己の存在を経験し，学ぶことで喜びや悲しみも体験する。とくに義務教育期にある子どもたちにとって，学ぶという行為が全人生に影響を与えるので，学ぶことに生産的にかかわることができることが発達的課題となるのである。その意味で子どもにとって「学ぶこと」が仕事であり，その年齢の子どもは「学ぶこと」という任務に従事することによって，自分の内外の世界と接する機会を持つのであり，それによって，自己の存在を認識し，自己の発達が促されるという意味で，大人でいえば「働くこと」と同じ意味を持つ。つまり，「学ぶことが生きること」でもある。

将来社会人，職業人として自立的に生きる土台として，義務教育期の発達課題は，様々な体験をとおして，学ぶ面白さや楽しさ，学ぶ意欲，学ぶことへの挑戦，学ぶことで将来の可能性を広げる力を獲得することである。したがって，「学ぶこと」の意義と面白さを体験できることこそ，児童生徒期で優先させるべきキャリア教育の目標であるといえる。中学校で実施されるキャリア・スタート・ウィークでの職場体験も，学ぶ面白さ，未知の知識への挑戦，日ごろの学校での学びの意義，自己の興味を広げるという目標を目指すものであって，職業生活や職業の内容を知ることが主な目標ではない。学ぶことの面白さを見つけられることは，児童生徒の人生を送っている場である学校生活を楽しいものとするために不可欠のことでもある。

第4節　第4の鍵：教育活動に取り組む「教師の姿勢」

最後の鍵は，上述の三つの鍵を実践する教師自身に問われることである。キャリア教育実践の成果を左右するのは，直接児童生徒の日常生活に接し，影響を与えている教師自身が，キャリア教育を理解し，キャリア発達の視点で，自分たちの教育活動を見直し，改善する姿勢を持ち，上述した三つの鍵を理解し

て，実際に行動に移すことでもある。

　ここで，『小学校・中学校・高等学校　キャリア教育推進の手引き』（平成18年11月文部科学省刊）（以下，「推進の手引き」と略）から「キャリア教育に取り組む意義」を引用しておきたい。

　「キャリア教育は，
　　ア．一人一人のキャリア発達や個としての自立を促す視点から，従来の教育の在り方を幅広く見直し，改革していくための理念と方向性を示すものである。
　　イ．キャリアが子どもたちの発達段階やその発達課題の達成と深くかかわりながら段階を追って発達していくことを踏まえ，子どもたちの全人的な成長・発達を促す視点に立った取組を積極的に進めることである。
　　ウ．子どもたちのキャリア発達を支援する観点に立って，各領域の関連する諸活動を体系化し，計画的，組織的に実施することができるよう，各学校が教育課程編成のあり方を見直していくことである。」（5ページ）

　以上に示されたキャリア教育実践の意義は，教師一人ひとりの姿勢と行動そのものと置き換えられるであろう。

1　背景にある「児童生徒観」を実践すること

　キャリア教育は，つぎのような児童生徒観の上に成り立つ理念である。
　①　「人はみな個性のある，独自な存在である」という態度で一人ひとりの児童生徒と接することが求められる。
　キャリアは，広義には，「個々人にユニークな生き様，人生」を意味し，狭義には「生涯の様々な段階で個人が『働くこと』との関わり方を自ら選択・決定することの結果築かれていく生き様」（キャリア教育の推進に関する総合的調査協力者会議報告書，2004）と定義されているが，この定義は，「人は一人ひとりみな異なる存在であり，二人と同じ人はいないからこそ大切な存在である」という価値観及び，「すべての児童生徒には未来がある」という信念を背景としている。

「一人ひとり異なる」とか個性を重視することが「子どもの希望，興味どおりにすること」と誤解されたり，教育現場では放任主義と混同されてしまい，本来の意味とは全く逆の意味に解され，個性重視がネガティブな影響さえあたえてしまった。しかし，本来の意味は，「一人ひとりみな異なるがゆえに，一人ひとりの『存在』を尊重する」という人間観を意味する言葉である。一人ひとり異なる存在だからこそ，他の人が代わって意思決定することもできなければ，かわって人生を生きてやることもできない。他人（親や教師）ができることは，一人ひとりが自分で意思決定し，様々な役割を果しながら自分の人生を歩む責任を担えるように，必要な能力や態度，知識を発達させられるように援助することである。だから，教育が意味をもつのである。

　キャリア教育が，自立的に生きる力や態度を育成することを目的としている理由は，「一人ひとりみな異なる，独自な存在である」という人間観は，現代社会で一人ひとりが自信をもって生きるために必要であり，かつそのためには，一人ひとりが自分の価値観や人生観を構築し，目標を立て，社会の中で自立的に生きるための「力を身につける」必要があるからである。教育の改善において，「みな同じ」になることでなく，「みな異なること」を前提として，「一人ひとりが能力を伸ばし，自分なりの価値観をもち，社会で生きる態度を発達させる」ことを重視する必要があることを強調したのがキャリア教育であるといえる。

　② 「すべての児童生徒は日々の体験をとおして変化し，その変化に対応しながら自己を形成，発達する」という信念をもって，一人ひとりの児童生徒の指導・教育に当たることが求められる。

　「一人ひとりの児童生徒は，日々の生活の中での諸体験との相互作用を通して，変化している」ことを尊重しようと思えば，先入観や過去のデータや情報だけで現在の子どもの状況を判断することはできないのである。常に新しい目で接する必要があるし，児童生徒の話に耳を傾けることが求められる。

　③ 児童生徒に対して「積極的関心」をもつことが求められる。

　一人ひとりが独自な存在であり，変化する可能性があるという信念をもつこ

とは，日々，すべての児童生徒に「積極的関心をもとうとする」姿勢として表現される。積極的関心を示すための話し方や技法があるわけではない。児童生徒のことを気にかける姿勢をもっていれば，おのずと教師のほうから声をかけられるし，児童生徒からの言語的，非言語的呼びかけには敏感に反応できるであろう。児童生徒の立場に立つと，教師のほうから声をかけられることは，教師の期待どおりの行動ができたかどうかとは無関係に，自分の存在が教師から受け入れられていると感じられることを意味する（Rogers, 1965)。言いかえれば，たとえ叱られたことは分かっても，教師から無視されたとは思わない，という状態である。

2　日常の教育活動をキャリア教育実践の場とすること

　キャリア教育実践とは，今まで学校で取り組んだ経験のない新たな活動や特別なプログラム，あるいはイベントを計画することではない。むしろ，日ごろの教育実践を見直して，キャリア発達的な視点に立った新たな意味付けをして，具体的な取り組み方，児童生徒とのかかわり方を改善しようとする姿勢を持つことである。

　なかでも，一人ひとりが教科活動をとおして，未知の知識を獲得する喜びや未知の体験へ挑戦することの楽しさを体験できるように配慮する授業運営をし，学習の成果を上げられるようなかかわり方を工夫することが求められる。

　学力の向上とは，単に試験の成績を上げることではないことは言うまでもない。しかし学力が向上することは児童生徒にとって努力の価値を経験し，「やればできる自分を意識できる」よい機会である。したがって，学力の向上という結果よりも，学力を向上させる「過程」にどのようにかかわるかが教師に問われる行動である。

　児童生徒が自分の好き嫌いに関係なく，計画された教科活動に取り組むということは彼らの自己成長力を促すのに意義深い行為である。学ぶことへの動機づけや未知の知識・体験への関心を持つこと，そして過去の経験が原因で興味を持てないでいたことに，改めて挑戦し直してみようという意欲の喚起にもつ

ながる。このような態度は，実は，学校時代だけでなく，生涯学習時代に生きる者には欠くことのできない基礎的態度であるといわれている。そして，幼い時から，多様な体験をとおして徐々に発達させられなければならない態度である。教育課程は未知の知識や体験に取り組む機会であることを認識すると，まさにキャリア教育の目標と一致するのである。

　児童生徒の興味・関心を大切にするのは，自分から安心して取り組むとき，未知の経験にも挑戦できるようになるからであって，興味を持つことだけを追い求めるためではない。

　キャリア教育は，まず，教師が，自分の担当する教科そのものの教え方を見直すことであり，児童生徒が教科の存在，内容に関心を持ち，その価値に気付き，学びたいという意欲を導き出すことができるように工夫する姿勢を教師に求めている。教科指導で日々の目標を立てるとき，授業展開や進め方を見直す時，そして，授業中，児童生徒と接するときに，4能力領域・8能力（第4章参照）を発達させられるように配慮することこそキャリア教育の実践に必要な教師の姿勢である。

3　「体験学習」を生かす意味：「体験を振り返り，自分で考える力と態度の育成」

　昨今，体験学習が注目されている。その代表的なものが職場体験，キャリア・スタート・ウィーク，あるいはインターンシップであろう。すでに指摘したように，これらは，児童生徒に職業や産業についての知識を獲得させることが主な目的ではない。まして進路選択先の探索あるいは確認のためでもない。学校ではできない体験，すなわち実際の職場で働く人の生活，行動に接する（体験する）ことをとおして，「自分は何を感じ，何を学び，何を新たに得たか，今後どうしたいか，体験する前と体験後では自分の物の考え方や感じ方がどのように変わったか」等を振り返って考えることで，自分についての体験から学びその意味付けをする力と態度を獲得することである。特に，体験学習を生かすために教師に求められる姿勢を以下に求めていきたい。

① 児童生徒と教師の狙いは同じとは限らないこと　授業や活動のなかでの児童生徒の学びや気づきは，教師の狙いと必ずしも同じではないことを認めることが重要である。教師は，前もって用意した目標や授業の展開を達成させることを重視する志向が強い。しかし，一人ひとり同じように行動するわけではないし，教師の思いや願いどおりの学びをするとは限らない。体験学習は，児童生徒自身の思いのほうを優先させることで，児童生徒の学びへの意欲を育て，自己の学びへの自信を育て，未知の体験に挑戦する面白みを獲得する，という自己学習力の基盤となる態度を育てることにのみ有効である（渡辺・神戸大学附属明石中学校，2009）。

しかし体験学習は決して児童生徒の希望や興味・関心に任せきりになることではないことを認識する必要がある。児童生徒が，教師の思いや教育活動の狙いを主体的，積極的に受け入れ，自己の興味や関心を超えて新たな知識に自分を開けるようになるための土台を作ることが目的である。

② 自分から「行動する」ことで学びへの好奇心を培えること　体験学習は，児童生徒が自分で行動してみることで，自分から学べる自信を深めることができる。それが授業中教師から，また将来他者から学ぶ姿勢を作る土台を作ることになる。そのためには，既成の知識や教師から与えられる課題どおりに行動するのではなく，自分から行動する機会を提供することが大切である。

また，自分から行動するということは不安を伴うことでもある。指示されたとおりに行動するほうが安全である。そこで，教師は，成功か失敗かを評価しない姿勢を持つことが大切である。むしろ，予期せぬことを経験することを予想し，「驚き」を体験できるように促すことが，体験学習の実践の意義であることを教師自身が認識し，児童生徒の指導の中で実現できることが重要である（渡辺・神戸大学付属明石中学校，2009）。

③ 事前，事後指導が鍵である　体験学習というと何を体験させるかに教師の関心は集まりがちである。しかし，体験学習が児童生徒の学びのためにその価値を発揮できるようになるかどうかは，事前事後指導の在り方にかかっている。体験前の指導では，対象となる職場についての情報探索，体験することへ

の自分なりの目標設定，課題の明確化を図ることである。また，言葉遣いや質問の仕方，あいさつ，時間厳守等のマナーを指導することも重要であるが，単なるスキルの練習ではなく，マナーの意味や価値を理解させ，応用できるように指導することが重要である。

　事後指導では発表会が代表的な内容であるが，発表内容が知的レベルの情報収集のまとめに終始したのではキャリア教育的な体験学習とは言いがたい。キャリア教育では，体験を通して，体験した自己について考える姿勢と力を獲得することである。言い換えれば，「体験前と体験後では，新たに何を学んだ自分なのか，何に気づいたか，どんな変化が自己の内に起きたか等」を問いかけることで，生徒が自己認知を広げ，深める知力と態度を発達させることが指導の目標である。そのために個々の児童生徒が，それぞれの発達段階のレベルにおうじて，自己を振り返り自己を考えるレベルは異なる。たとえば，小学生なら「どんなことが面白かったか，大変だと思ったか，働いている大人の人についてどんなふうにおもったか」というレベルであろう。中学生，高校生なら「体験した自己をふりかえり，体験した内容を自覚すること」「参加した生徒間，それぞれの感じたこと，獲得した意味等の個人的経験を交換しあうことで，多様なものの見方や感じ方を学び，他者の存在の大切さを経験し，互いの視野を広げられる協力関係を作ること」など，各生徒の内的成長を促す指導，支援をすることが目標である。さらに今の学校生活，学んでいる教科学習の持つ意味を考えられるようにすることも重要である。

4　児童生徒の体験を統合し，累積を促す働きかけ

　キャリアという言葉は「いろいろな仕事や役割を果たすことを通して得られる体験の累積とその価値づけ」という意味を内包していることは第１章で指摘したとおりである。

　キャリア教育はいろいろな仕事や役割を体験させることではない。児童生徒が日々の学校生活の中で，教科学習をはじめとして様々な活動に従事していることを，児童生徒の「体験」として認識すること，そして，児童生徒が一人の

人間としてそれぞれの体験の意味付けができ，さらにそれぞれの体験を関連付けて統合していくとき学校生活自体がキャリアとなる。キャリア教育における教師の役割は，児童生徒が，自分の多様な体験を統合し，その意味付けができるように意図的に働きかけることである。体験の統合に特別の方法や解答があるわけではない。それぞれ独立して経験される体験ではあるが，それらを体験しているのは一人の児童生徒自身であることを考えれば，教師の役割は，児童生徒が自分の体験を意識化できるように働きかけることである。そして意味付けとは，児童生徒が，学習や遊びを含む全体験をとおして自分なりの意味を見つけていくことから始まるが，児童生徒一人では気づかない新たな意味や新たな視点を伝達していくことで，児童生徒の視野を広げるという教育の役割を含む行為である。この役割を果たすためには，教師集団が協力して，児童生徒の学習を促すカリキュラム内容について意見交換をして，教科相互の関係づけを深めておくことが非常に役に立つのである。

　キャリア教育実践上の4番目の鍵として，「教師に求められる四つの姿勢」をとりあげた。これらの姿勢は，キャリア教育だけに必要なものではないことは明らかである。日常の教育活動全体に通じるものである。言い方を替えれば，キャリア教育とは，教師が，日常の教育活動を自分自身で見なおすことなしには実践されないということができるであろう。

5　「所属感」の体験を重視

　キャリア教育の実践において教師に求められる基礎的姿勢として，最後に「児童生徒が自分の学級そして学校に『自分は所属している，受け入れられている』と感じられるようにする」ことを挙げることができる。所属感の大切さは，児童・生徒指導等では指摘されることであるが，キャリア教育においても共通することである。

　キャリア発達の研究家であり，キャリアカウンセリングの指導者として国際的リーダーであるサヴィカス（Savickas, 2009）は，キャリア発達を促進する上で，児童生徒が所属感を体験できることの重要性を指摘している。すなわち，児童

生徒一人ひとりには，自分は大切にされているという感覚である自己尊重も必要である。しかし，社会的に自立できるためにはただ自己尊重感だけでなく，家庭，学級，学校等の身近な環境のなかで所属感を体験できることが不可欠である。なぜなら，所属感こそ，社会的自立にとって意義のある「他者，そして社会に対する関心を発達させる」ために不可欠だからである。キャリア教育の実践にあたって，所属感の体得の意義とともに，児童生徒が，他者との関係の中でこそ，社会的期待に応えていけるようになることを認識することが大切であろう。

【渡辺 三枝子】

引用文献

エリクソン，E. H.（小此木啓吾訳）(1973)『自我同一性：アイデンティティとライフサイクル』誠信書房

大庭さよ子 (2007)「発達とは」渡辺三枝子編著『新版キャリアの心理学』ナカニシヤ，pp.2-5.

国立教育政策研究所生徒指導研究センター (2002)『児童生徒の職業観・勤労観をはぐくむ教育の推進に関する調査研究報告書』

文部科学省 (2004)『キャリア教育の推進に関する総合的調査研究協力者会議報告書〜児童生徒一人一人の勤労観，職業観を育てるために〜』

文部科学省 (2010)「キャリア教育・職業教育特別部会第二次審議経過報告」

ロジャース，C. R. (1965)「人間相互関係：ガイダンスの真髄」モー，R. 他編（小林純一訳）『現代カウンセリング論』岩崎学術出版社，pp.66-92.

渡辺三枝子 (2008)『キャリア教育：自立していく子どもたち』東京書籍

渡辺三枝子監修，神戸大学附属明石中学校 (2009)『教科でできるキャリア教育：「明石キャリア発達支援カリキュラム」による学校づくり』図書文化

Savickas, M. L. (2009) Career-style counseling. In T. S. Sweeney (Eds.), *Adlerian counseling and psychotherapy: A practitioner's approach* (5th ed.). NewYork Routledge, pp.183-207.

第4章　小・中・高等学校におけるキャリア教育の推進

　キャリア教育は，第1章でみたように，1999（平成11）年の中教審答申以降，二つの調査研究を経て，2004年度からの研究指定事業の実施や手引，ガイド，実践事例集などの作成・刊行によって推進が図られてきた。キャリア教育は，先行する研究，実践が必ずしも十分でなかったことから，それを多くの学校の実践とするために，国（文部科学省）の主導で進められてきたのである。本章では，学校がキャリア教育にどのように取り組み，推進したらよいのかというキャリア教育実践上の諸課題について取り上げるが，そのような我が国におけるキャリア教育推進の経緯を踏まえて，国の調査研究の成果や手引，ガイドそして新学習指導要領等に言及しながら記述することとしたい。

第1節　キャリア教育の意義と推進方策

　学校は，今，学力の向上や生徒指導上の諸問題の解決等，取り組むべき課題が山積し，教師は，それらの解決のために多忙を極めているといっても過言ではないであろう。そのような状況の下で，学校・教師が新たな教育課題としてのキャリア教育に積極的に取り組むためには，"なぜ，今，キャリア教育なのか"，キャリア教育にはどのような教育的意義があるのかについて理解するとともに，キャリア教育にどのように取り組んだらよいのか，その方策について手掛かりを得ることが必要であると推察される。本節では，学校・教師がキャリア教育の推進に一歩踏み出すために求められているであろう実践上の諸課題について述べることとする。

1　学校がキャリア教育に取り組む意義

　我が国の学校教育にキャリア教育を導入するきっかけとなった1999（平成11）年の中央教育審議会答申（以下，「接続答申」と略）は，"なぜ，今，キャリア教育なのか"について，概略，新規学卒者や若者の就業・雇用を取り巻く環境が厳しい状況にあることから，「学校教育と職業生活の接続」を改善し，新規学卒者をはじめとする若者の学校から社会への移行と適応を円滑にするために，小学校段階からのキャリア教育を実施する必要があるとした。

　新規学卒者や若者の就業・雇用を取り巻く環境は，中教審の審議が進められた1999年以前において既に厳しくなっており，また，その後においても，フリーター数は，2004年をピークに減少傾向にあるものの，無業の若者（含む，失業している若者）や非正規雇用で働く若者の数は増加するなど，大きな社会問題になっている。そのような状況の下で，「接続答申」が，"なぜ，今，キャリア教育なのか"についての"答え"を，新規学卒者や若者の学校から社会への移行と適応を円滑にすること，そのために必要な意欲や能力・態度を児童生徒に養うことに求めたことは当然であり，一般的にも，そのように理解されている。現に，「若者自立・挑戦プラン」等，新規学卒者や若者の就業・雇用を改善するための様々な施策も，新規学卒者や若者の学校から社会への移行と適応を円滑にし，非正規雇用で働く若者や無業の若者を減らすことを中心に講じられている。

　しかし，"なぜ，今，キャリア教育なのか"ということについての"答え"を，新規学卒者や若者の就業・雇用を取り巻く環境の厳しさと，それへの対応の必要性だけに求めることは正しい理解なのであろうか。それが正しい理解であるとすれば，新規学卒者や若者の就業・雇用を取り巻く環境が改善されれば，キャリア教育は必要ではないということになる。そこで，以下，"なぜ，今，キャリア教育なのか"について，今少し検討を深めることとする。

(1)　"なぜ，今，キャリア教育なのか"の理解

　確かに，新規学卒者や若者の就業・雇用を取り巻く環境の厳しさへの対応として，児童生徒に学校から社会への円滑な移行と適応に必要な意欲や能力・態

度を養うことは，キャリア教育が目指すことの一つであり，したがってまた，その意義，必要性の重要な一側面であると言えよう。しかし，そのことは，あくまでもキャリア教育の意義，必要性の一側面であってすべてではない。もし，新規学卒者や若者に学校から社会への円滑な移行と適応に必要な意欲や能力・態度を養うことがキャリア教育の意義，必要性のすべてであるとすれば，新規学卒者や若者の就業・雇用の状況が改善されれば，キャリア教育は必要ないものということになる。そうではなく，児童生徒に学校から社会への円滑な移行と適応に必要な意欲や能力・態度を養うことは，それをキャリア教育と言うかどうかは別として，本来，学校教育の不可欠な構成要素であるべきなのである。

　顧みれば，我が国においては，新規学卒者や若者の就業・雇用を取り巻く環境は，既述のように，遅くとも1960年頃から，バブルがはじけた1992-93年まで，30年以上にわたって，極めて恵まれた状態にあった。この間，新規学卒者や若者の労働市場は，多少の変動はあったものの，絶えず売り手市場であり，新規学卒者や若者が正規雇用としての職に就き，働くこと（少なくとも，職を探すこと）に苦労することはなく，パート，アルバイトは働き方の選択肢の一つにすぎなかった。そのような環境の下で，児童生徒に学校から社会への円滑な移行と適応に必要な意欲や能力・態度を養う教育は，次第にその意義，必要性が薄れ，やがて認識されなくなり，30年余という時の経過とともに学校教育から忘れ去られ，欠落していくことになった。言い換えれば，新規学卒者や若者の就業・雇用をめぐる恵まれた環境が30年余にわたって続いた結果，学校と社会，教育と職業との間に埋めがたい乖離が生じ，学校教育が児童生徒に育成する資質，能力と，社会や職業現場が新規学卒者や若者に求める資質，能力とが一致しなくなっていたのである。

　本来，学校教育の一部であり，不可欠な構成要素であるべきキャリア教育が，学校教育において顧みられなくなった経緯を以上のように理解すれば，「接続答申」は，新規学卒者や若者の就業・雇用を取り巻く環境が激変した"今"をとらえて，学校が，本来，その教育の一部であり，不可欠な構成要素でありながら次第に取り組まなくなってしまった，学校から社会への円滑な移行と適応

に必要な意欲や能力・態度を児童生徒に育成する教育を実施することを改めて提言した，と受け止めることができる。そうであれば，答申は，学校が取り組まなくなってしまった教育活動，否，より正確には，取り組んでいながら，その意義が認識されなくなっていた教育活動について，児童生徒のキャリア発達，キャリア形成という今日的視点から意義，必要性を認識し直して取り組むこと，その意味での学校教育の改革を求めていると理解することもできよう。

(2) **キャリア教育の意義**

上述のように「接続答申」を理解し，引いてはキャリア教育の必要性を認識すれば，2004（平成16）年の『キャリア教育の推進に関する調査研究協力者会議報告書－児童生徒一人一人の勤労観・職業観を育てるために－』（以下，『文科省報告書』と略）が，キャリア教育の意義について，以下の3点を挙げていること，そしてそれらが意味するところを，より容易に理解することができるであろう。

① **教育改革の理念と方向性を示すキャリア教育**：キャリア教育は，一人一人のキャリア発達や個としての自立を促す視点から，従来の教育の在り方を幅広く見直し，改革していくための理念と方向性を示すものである。

これが意味するところは，学校教育は，本来，その不可欠な構成要素であるにもかかわらず，これまであまり視野に入れることがなかった視点からの改革が求められているが，キャリア教育は，そのための理念，方向性を示すものであるということである。そして，ここでいう"学校がこれまであまり視野に入れることがなかった視点"とは，第1に，今日の児童生徒を取り巻く環境や彼らの姿から，児童生徒が，将来，社会人・職業人として自立していくために必要な発達上の課題を，発達段階に即して明らかにするということである。第2には，児童生徒一人一人がその課題の達成を通して，社会人・職業人として自立するために必要な意欲や能力・態度を身に付けることができるよう指導・援助するということである。そして，第3には，児童生徒が，学校の学習や活動等で身に付けた能力や態度を，自己の現在及び将来の選択や生き方にどのように生かしていくかということについて指導・援助するということである。

② **子どもたちの「発達」を支援するキャリア教育**：キャリア教育は，キャ

リアが子どもたちの発達段階やその発達上の課題の達成と深くかかわりながら段階を追って発達していくことを踏まえ，子どもたちの全人的な成長・発達を促す視点に立った取組を積極的に進めることである。

　これが意味するところは，児童生徒は，それぞれの発達の段階における発達上の課題を達成することによって全人的な成長・発達をすることができるが，キャリア発達もまた少年期，青年期にある児童生徒の発達上の課題の一部であり，したがって，キャリア教育は，児童生徒のキャリア発達の支援を通して，その全人的な成長・発達を促す教育活動に他ならないということである。そしてまた，児童生徒のキャリア発達の支援を通して，その全人的な成長・発達を促すという観点が，①教育改革の理念や③教育課程の改善の基盤に据えられなければならないということでもある。

　③　**教育課程の改善を促すキャリア教育**：キャリア教育は，子どもたちのキャリア発達を支援する観点に立って，各領域の関連する諸活動を体系化し，計画的，組織的に実施することができるよう，各学校が教育課程編成の在り方を見直していくことである。

　これが意味するところは，学校がこれまでの教育の在り方を見直し，改善するにあたっては，学校の教育計画である教育課程にキャリア教育を位置付け，計画的，組織的に推進することができるよう，教育課程の在り方を見直し，改善する必要があるということである。より具体的には，第1に，各学校が，キャリア教育を理解し，進めるにあたっては，それが学校の教育活動全体を通じて取り組まれるわけであるから，各教科（・科目）及び各領域等での指導内容・方法について，キャリア教育の視点から見直したり，工夫・改善を加えたりしなければならないということである。また，第2には，各教科（・科目）及び各領域での取組相互の関連を図り，体系的な計画を立案し，実施しなければならず，また，それを支える組織を確立しなければならないということである。そして，第3に，児童生徒のキャリア形成が，発達段階やその発達課題の達成と深くかかわりながら段階を追って発達していくことを踏まえ，各教科（・科目）及び各領域での指導・援助を系統的，発展的に積み重ねなければならないということでもある。

2 キャリア教育の推進方策

　キャリア教育の意義，必要性を理解した上で，学校は，どのようにキャリア教育に取り組めばよいのであろうか。『文科省報告書』は，「キャリア教育推進のための方策」の項で，学校がキャリア教育を推進するための諸方策を示している。それを学校の実践に即して整理すれば，次のようになるであろう。

　○目標の設定：各学校がキャリア教育を進めるにあたっては，児童生徒の発達段階や発達課題及びその達成のために育成すべき能力・態度を理解した上で，自校の児童生徒の実態などから，キャリア教育の目標（育成したい児童生徒"像"）を設定する（描く）。その際，児童生徒の発達段階や発達課題を踏まえて，目標をより具体的なものとし，実現可能なものにする観点から，各学年での到達目標も設定するなどの工夫が望まれる。

　○計画の立案：学校のキャリア教育の目標を実現するために，どのような能力・態度を，どの教科（・科目）や領域で育成するかなどを構想して，その全体計画を立案する。また，各学年の到達目標を実現するためには，各学年ごとの年間指導計画の立案も必要となろう。全体計画や年間指導計画の作成にあたっては，それらが各学年にわたる指導，各教科（・科目）及び各領域における指導を包含するものであるから，その系統性や体系性に配慮することが大切となる。

　○内容・方法の明確化：計画の立案にあたっては，児童生徒にどのような能力・態度を育成するか，また，その能力・態度をどのような学習や活動で育成するかを検討し，明らかにしなければならない。その際，国立教育政策研究所の「児童生徒の職業観・勤労観を育む教育の推進に関する調査研究会議」報告書『職業観・勤労観を育む教育の推進について』（以下，『国研究告書』と略）が「職業観・勤労観を育む学習プログラムの枠組み（例）」（以下，「学習プログラムの枠組み（例）」と省略）で提案している4（8）つの能力・態度などを参考にすることが考えられる。しかし，同報告書では，それらの能力・態度をどの教科（・科目）や領域で，どのような学習や活動を通して育成するかについては触れられていない。したがって，児童生徒に育成したい能力・態度を，どの教科（・

科目）あるいは領域で，何学年の，どのような学習や活動を通して育成するかについては，学習指導要領の規定，それに基づく教育課程での位置付けを視野に入れながら，各学校で検討し，決めなければならない。

○**体験活動の重視**：キャリア教育の内容・方法として，職場体験やインターンシップなどの体験活動は，生き生きと働く大人の姿を見ることが少なくなっている児童生徒のキャリア発達を促す上で大きな成果が期待できることから，その事前・事後の指導と併せて，特に重視する必要がある。

すなわち，体験活動には，職場体験やインターンシップのほかに，職場見学，社会人・職業人インタビュー，ボランティア活動，上級学校の見学や体験入学・授業，地域の職業調べ等の各種調査研究活動など，児童生徒の発達段階，学校，学科の教育内容やその特色あるいは地域の教育資源などに応じて，様々な内容，方法が考えられるが，それらの体験活動には，職業や仕事の世界についての具体的・現実的理解の促進，勤労観・職業観の形成，自己有用感等の獲得，学ぶことの意義の理解と学習意欲の向上など，児童生徒のキャリア発達に関わる様々な成果が期待できるのである。

○**不可欠な学習内容**：社会のしくみや経済社会の構造とその働きについての基本的理解とともに，無業の若者や非正規雇用で働く若者が増えている今日の状況を踏まえて，児童生徒が，職に就き，働くことの意義を理解することに加えて，労働基準法や労働組合法などの知識を得たり，公共職業安定所の存在とその働きを知ることもキャリア教育にとって不可欠な学習内容とされている。また，親しい友人など限られた人間関係に閉じこもりがちな児童生徒にとって，上記の体験活動などを通して，年齢や価値観が異なる「幅広い他者」との関わり合いをもつことは，社会性を培ったり，自己の生き方を考えたりする上で大切なこととなっている。

○**教育課程への位置付け**：キャリア教育の計画に盛り込まれた学習や活動は，その内容・方法等に応じて，各教科，特別活動，道徳及び総合的な学習の時間などに位置付けて実施されることとなるが，各教科，各領域の学習や活動の内容等は，学習指導要領に定められている。したがって，キャリア教育の計画の

立案，実施にあたっては，その個々の学習や活動が，学習指導要領で定められている各教科，領域の学習や活動の内容等と，どのように関わっているかなどを十分に検討し，教育課程に適切に位置付けなければならない。

　○**組織・体制の確立**：キャリア教育の計画を立て，そこに盛られた学習や活動を教育課程に位置付けて実施する上で，誰が，あるいはどの分掌組織が中心となってキャリア教育を推進するかなど，キャリア教育を推進するための組織，体制を確立することもまた重要である。特に，キャリア教育においては，児童生徒が様々な体験をすることや，幅広い他者との関わりをもつことを重視していることから，学校と地域の事業所や諸機関及び家庭・保護者との連携，協力が不可欠である。そのため，キャリア教育を推進するための組織，体制は，ただ単に，学校内の組織，体制にとどまらず，地域・家庭との連携，協力を進める組織，体制を構築することが必要となる。

　○**小・中・高等学校の連携**：児童生徒の発達の段階に応じて進められるキャリア教育は，小・中・高等学校それぞれの学校が，児童生徒の発達の段階を踏まえて行うというばかりでなく，地域の小・中・高等学校が連携して，一貫した12年間の教育として進めることが大切であり，期待されてもいる。

　このように12年間にわたる一貫したキャリア教育を推進するためには，キャリア教育の理解と実践にかかわる，小・中学校及び中・高等学校の教師の幅広い交流が必要であるが，これを進めるためには，都道府県教育委員会や市区町村教育委員会及び教育事務所など教育行政機関が果たす役割が大きいと指摘しておきたい。

第2節　学習指導要領におけるキャリア教育の取扱い

　学校は，キャリア教育を教育課程に位置付け，計画的，組織的に取り組まなければならないわけであるが，各学校が教育課程を編成し，これにキャリア教育を位置付けるにあたっては，その規準となる学習指導要領で，キャリア教育についてどのように規定されているかを理解する必要がある。本節では，キャ

リア教育が学習指導要領でどのように規定されているかを検討するが，1999（平成11）年の「接続答申」後，初めてとなる小・中・高等学校等の学習指導要領の改訂が，2008（平成20）年3月及び2009（平成21）年3月に行われたことを踏まえて，その改訂の過程を含めて検討することとしたい。

1　中央教育審議会答申

　中央教育審議会は，2008（平成20）年1月に『幼稚園，小学校，中学校，高等学校及び特別支援学校の学習指導要領等の改善について』を答申（以下，「中教審答申」と略）した。「中教審答申」は，「社会の変化への対応の観点から教科等を横断して改善すべき事項」の一つにキャリア教育を取り上げ，概略，次のように述べている。

　まず，キャリア教育の意義，必要性について，次の二つの視点からそれを指摘している。一つは，産業・経済の構造的な変化や雇用の多様化・流動化等，「子どもたちの進路をめぐる環境の大きな変化の中で，子どもたちが直面する様々な課題に柔軟かつたくましく対応し，社会人・職業人として自立していくためには，キャリア教育を充実する必要がある」という指摘である。今一つは，将来への展望がもちにくい社会にあって，「子どもたちが自分の将来との関係で学ぶ意義が見出せずに，学習意欲が低下し，学習習慣が確立しないといった状況が見られる」ことなどから，「今後更に，子どもたちの発達の段階に応じて，学校の教育活動全体を通した組織的・系統的なキャリア教育の充実に取り組む必要がある」という指摘である。

　その上で，キャリア教育にどのように取り組むべきかについては，「生活や社会，職業や仕事との関連を重視して，特別活動や総合的な学習の時間をはじめとした各教科等の特質に応じた学習が行われる必要がある。特に，学ぶことや働くこと，生きることを実感させ将来について考えさせる体験活動は重要であり，それが子どもたちが自らの将来について夢やあこがれをもつことにつながる。具体的には，例えば，特別活動における望ましい勤労観・職業観の育成の重視，総合的な学習の時間，社会科，特別活動における，小学校での職場見

学，中学校での職場体験活動，高等学校での就業体験活動等を通じた体系的な指導の推進，などを図る必要がある」と，述べている。

「中教審答申」の以上の指摘，記述で，キャリア教育を理解し，取り組む上で，いくつかの着目すべき点がある。

その一つは，「子どもたちが自分の将来との関係で学ぶ意義が見出せずに，学習意欲が低下し，学習習慣が確立しないといった状況が見られる」ことなどから，「キャリア教育の充実に取り組む必要がある」と指摘していることである。これまでにも，キャリア教育の意義，必要性として，キャリア教育が子どもたちの学習意欲を高めるためにも必要であるという指摘がなかったわけではない。例えば，『文科省報告書』は，「『働くこと』への関心・意欲の高揚と学習意欲の向上」の項で，「キャリアに関する学習が，教科・科目の学習や主体的に学ぼうとする意欲の向上に結びつき，教科・科目の学習がキャリアに関する学習への関心や意欲につながるよう」にするとともに，子どもたちが，夢や希望の源となる感動体験や「分かった」「理解できた」という体験が得られる教科の授業や相談などを通して，「なぜ勉強しなくてはいけないのか，今の学習が将来どのように役立つのかということについての発見や自覚」をすることができるようにすることが大切であると指摘している。また，『小学校・中学校・高等学校キャリア教育推進の手引き』では，「学校教育に求められているのは，『学ぶこと』と『働くこと』を関係付けながら，子どもたちに『生きること』の尊さを実感させる教育であり，社会的自立・職業的自立に向けた教育である。そのためには，児童生徒が……学校での学習や諸活動に積極的にかかわる意欲・態度を持つよう指導・援助することが大切となる」と記述されている。「中教審答申」は，これらの調査研究の成果を総括しつつ，明確かつ端的に，キャリア教育と"学習意欲"や"学習習慣"との関係を指摘し，キャリア教育の意義，必要性に言及したと理解できる。

この「中教審答申」の期待にどのように応えるのか，応え得るのかもまた，キャリア教育の大きな課題であると思われるが，「中教審答申」は，このことについて，「生活や社会，職業や仕事との関連を重視」する，あるいは「特に，

学ぶことや働くこと，生きることを実感させ将来について考えさせる体験活動は重要であり，それが子どもたちが自らの将来について夢やあこがれをもつことにつながる」と，その方策を示唆している。この示唆を図式化すれば，次のようになる。

学校が，このような構図をキャリア教育の実践に移すためには，指導内容・方法に様々な工夫が求められることになり，このこともキャリア教育実践上の課題と言えるわけであるが，いずれにしても，上述の指摘によって，キャリア教育は，子どもたちの"学習意欲を高め""学習習慣を確立する"という大きな今日的な教育課題の一端を担うことになったのである。

二つ目は，「特に，学ぶことや働くこと，生きることを実感させ将来について考えさせる体験活動は重要であり……具体的には，例えば，小学校での職場見学，中学校での職場体験活動，高等学校での就業体験活動等を通じた体系的な指導の推進」と，体験活動の重視とともに，小・中・高等学校における体験の内容を，児童生徒の発達の段階に応じて具体的に指摘していることである。特に，答申が小学校での体験活動として職場見学を挙げたことは，職場見学がキャリア教育にかかわる体験活動として必ずしも一般化していない一方で，児童の発達段階を踏まえずに職場体験を実施している学校があるといった現状から，小学校における体験活動の在り方に強いインパクトを与えると考えられる。

三つ目は，上述の体験活動に関わって，答申が，その意義について「学ぶことや働くこと，生きることを実感させ将来について考えさせる体験活動は重要

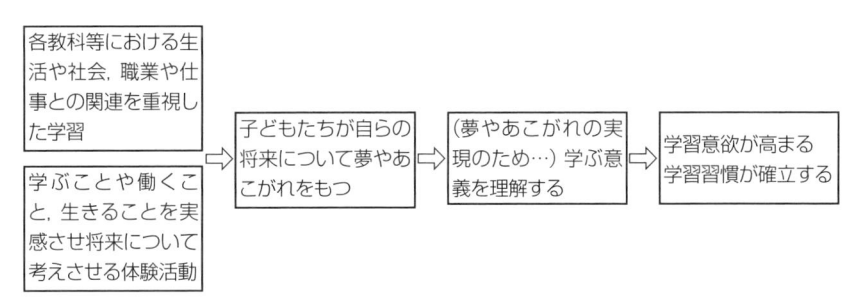

図 4.1 「中教審答申」が示唆したキャリア教育と学習意欲の向上等との関係

であり……体系的な指導の推進……を図る必要がある」と，述べていることである。これまで，中学校での職場体験活動，高等学校での就業体験活動ともに，その主なねらいは，生徒に勤労観・職業観を養うことに置かれ，ともすれば単発的な学校行事で終わる傾向が見られた。このような実態からすれば，答申が，それらの体験活動の意義について，ただ単に，勤労観・職業観を養うことだけではなく，「学ぶことや働くこと，生きることを実感させ将来について考えさせる」ことにあるとしていることに加えて，「体系的な指導の推進……を図る必要がある」と戒めていることは，中・高等学校におけるこれからの体験活動の在り方を示すものとして大きな意味があるといえる。

「中教審答申」を受けて，2008（平成20）年3月に小・中学校学習指導要領が，また，2009（平成21）年3月に高等学校学習指導要領が改訂された。改訂を告示した文部事務次官通知でも，「1．改正の概要」の(1)で「②……勤労観・職業観を育てるためのキャリア教育などを通じ，学習意欲を向上するとともに，学習習慣の確立を図るものとした」と，また，(4)で「⑤児童生徒の社会性や豊かな人間性をはぐくむため，その発達の段階に応じ，集団宿泊活動や自然体験活動（小学校），職場体験活動（中学校）を重点的に推進することとした」とされている。以下，「中教審答申」を受けて，キャリア教育が小・中・高等学校学習指導要領でどのように取り上げられているのかをみることとしたい。

2　小学校学習指導要領におけるキャリア教育の取扱い

小・中学校学習指導要領の改訂を告示した文部事務次官通知には「勤労観・職業観を育てるためのキャリア教育などを通じ，学習意欲を向上するとともに，学習習慣の確立を図るものとした」とされているにもかかわらず，新しい小学校学習指導要領に"キャリア教育"という語の記述はない。しかし，キャリア教育にかかわる改訂，関連する規定がないわけではなく，それは特に特別活動や道徳教育の規定などにみることができる。

(1)　特別活動とキャリア教育

キャリア教育は学校の教育活動全体を通じて推進されるものであるが，特別

活動の指導内容は，直接，間接にキャリア教育に深く関わっているということができる。特別活動とキャリア教育の関係について，『小学校学習指導要領解説－特別活動編－』は，「第２節　特別活動の基本的な性格と教育的意義」の４(4)で，「特別活動は，望ましい勤労観・職業観を育成したり，児童が自ら現在及び将来の生き方を考えることができるようにしたりするなど，キャリア教育としての役割も有している」と述べている。その上で，特別活動のどのような内容が，どのようにキャリア教育に関わっているかについては，「例えば，係活動や委員会活動，清掃などの日常の当番活動，勤労生産・奉仕的行事におけるボランティア活動などの指導を充実することによって，望ましい経験や体験を通して，集団やみんなのためにチームで働き貢献することの意義や大切さを実感するなど，望ましい勤労観や職業観を自ら形成することになる」と解説している。

　キャリア教育において，子どもたちが，その発達の段階に応じて，学校・学級の生活での役割を担い，それにともなう責任を果たすことを通して働くことの意義や大切さを実感すること，また，体験とそれに基づく学習を通して働くことの意義や大切さを理解するよう指導・援助することは極めて大切である。小学校教育で，そのような指導の機会，場は清掃活動にとどまらない。給食，日直，飼育，栽培といった当番活動，また，係活動，委員会活動，児童会活動，さらには「勤労生産・奉仕的行事」で取り組むボランティア活動などがある。キャリア教育を推進する上で肝要なことは，これらの活動について，それぞれの指導目標を大切にしながらも，同時に，それらの意義をキャリア教育の視点から見直し，位置付けることにある。

　また，学級活動の「希望や目標をもって生きる態度の形成」の指導内容，及び，「〔学級活動〕などにおいて，児童が自ら現在及び将来の生き方を考えることができるよう工夫すること」としている「指導計画の作成と内容の取扱い」の規定は，今次の改訂で新たに付け加えられたものではないが，キャリア教育において重要な指導内容，規定である。なぜならば，この指導内容と規定は，既述の「中教審答申」の指摘，「学ぶことや働くこと，生きることを実感させ

将来について考えさせる体験活動は重要であり，それが子どもたちが自らの将来について夢やあこがれをもつことにつながる」と，軌を一にするものであるからである。加えて，「将来について考えさせる体験活動」を実施し，その体験が「子どもたちが自らの将来について夢やあこがれをもつことにつながる」よう，学級活動の学習で体験活動での経験を取り上げ，振り返るという指導の展開は，体験を一過性のものにすることなく，その効果を一層高めることになるからでもある。このような体験と学習の一体化こそが，「中教審答申」がいう「体験活動等を通じた体系的な指導」であるといえよう（傍点，筆者加筆）。

(2) **道徳教育とキャリア教育**

道徳教育は，それ自体の目標，すなわち，道徳的な心情，判断力，実践意欲と態度などの道徳性を養うことを目標とする教育活動である。従って，道徳教育，その要である道徳の時間の学習が，直接的にキャリア教育を推進するものではない。しかし，今次（平成20年）の小学校学習指導要領の改訂では，「第1章　総則」第1の2，及び，「第3章　道徳」の「第1　目標」で，「自己の生き方についての考えを深め」という記述が新たに加えられた。また，「第3章　道徳」の「第1　内容」では，勤労観の育成にかかわる指導内容等の充実が図られている。このような道徳教育の改訂を踏まえ，小学校におけるキャリア教育の推進にあたっては，次節でも述べるように，道徳教育との関連を図ることが大切である。

① 「自己の生き方についての考えを深め」について　総則及び「第3章　道徳」の目標に「自己の生き方についての考えを深め」という記述が新たに加えられたが，その趣旨について，『小学校学習指導要領解説－道徳編－』は，「道徳教育推進上の基本的配慮事項」の項で，「小学校における道徳教育では，児童が発達の段階に即して自己の生き方について考えを深めることができるようにすることが大切である。例えば，児童は日々の生活の中で，自分を振り返り，自分のよさについて考え，自立した生活をつくろうとする。また，受け止めた自分らしさを踏まえて，これからの自分に夢や希望をもち，社会的自立に向けてよりよい生き方をしようとする。そのために，道徳の時間はもとより，

毎日の生活や学習においても，自分の日常の姿を振り返ったり，伸ばしたい自己像や自己目標などを意識したりする機会を充実していくことが望まれる」と解説している（傍点，筆者加筆）。

「自分を振り返り，自分のよさについて考え，自立した生活をつくろうとする」児童に，そして「受け止めた自分らしさを踏まえて，これからの自分に夢や希望をもち，社会的自立に向けてよりよい生き方をしようとする」児童に，そのための場や機会を提供し，その健やかな成長を指導・援助する道徳教育は，キャリア教育が目指すところと重なっており，道徳教育を通じてのキャリア教育の可能性，したがってまた，小学校におけるキャリア教育において道徳教育との関連を図る大切さを示している。

② **道徳の時間の指導内容について** 道徳教育を通じてのキャリア教育の可能性及びキャリア教育と道徳教育との関連は，道徳の時間の指導内容，特に，その今次の改訂内容に，より具体的にみることができる。その典型は，「内容」の「4　主として集団や社会とのかかわりに関すること」にみることができる。

〔第5学年及び第6学年〕の「4(4)　働くことの意義を理解し，社会に奉仕する喜びを知って公共のために役に立つことをする」は，キャリア教育の視点からすれば，正に勤労観の育成のための指導内容に他ならない。この内容は，従前から第5学年及び第6学年で指導することとされていたが，今次の改訂で，児童の発達段階に応じて指導を系統的に積み重ねる観点から，〔第1学年及び第2学年〕では，「4(2)　働くことのよさを感じて，みんなのために働く」が新たに加えられ，また，〔第3学年及び第4学年〕では，従前の「4(2)　働くことの大切さを知り，進んで働く」に，「みんなのために」の文言が付け加えられた。

このことについて『小学校学習指導要領解説―道徳編―』は，〔第1学年及び第2学年〕での「働くことのよさを感じて，みんなのために働く」の内容が，「仕事に対して誇りや喜びをもち，働くことの意義を自覚し，進んで社会に役立とうとする心をもった児童を育てる内容項目である。主に，第3・4学年の4の(2)及び第5・6学年の4の(4)と深くかかわっている」と解説している。ま

た,『解説』は,この内容について,「働くことの意義や役割を理解し,それを現在の自分が学んでいることとのつながりでとらえることは,将来の社会的自立に向けて勤労観や職業観をはぐくむ上でも重要なことである」(傍点,筆者加筆。)と,[第1学年及び第2学年]からの一連の指導がキャリア教育とかかわるものであることに言及している。

(3) 教科(社会科)学習とキャリア教育

　キャリア教育は,学校の教育活動全体で取り組むこと,中でも,教科の学習においても取り組むことが必要であり,大切なのであるが,これに関する実践事例は少なく,これからのキャリア教育における課題の一つとなっている。

　そのような現状から,教科の学習におけるキャリア教育について,様々な提案がなされ,実践が積み重ねられることが期待されるわけであるが,その際着目すべきことは,「中教審答申」が「生活や社会,職業や仕事との関連を重視して」としていることである。教科の学習を「生活や社会,職業や仕事との関連を」図りながら進めることは,それがどれほど可能であるかは,正に教科の特質や学習内容によって異なるであろうが,学習に対する子どもたちの興味・関心,延いては学習意欲を高めるばかりでなく,なぜ学ぶのか,学ばなければならないのかという学ぶことの意義の理解にもつながることであり,教科教育としてのキャリア教育に取り組む上で重要な手がかりであろう。

　教科の学習におけるキャリア教育については,以上のような課題,そして,この課題の解決のために「生活や社会,職業や仕事との関連を重視」した学習をすすめるという手がかりがあるわけであるが,小学校の教科の中で,社会科は,「生活や社会,職業や仕事」それ自体を学習内容としている教科である。そこで,「生活や社会,職業や仕事」について,何学年で,どのような内容を学習するかを,小学校学習指導要領でみると,次のようになっている。

　児童は,第3・4学年で,自分たちが暮らす地域の産業(公共事業)・職業,仕事やそれぞれの仕事の特色について学ぶとともに,それらが自分たちの生活と深く関わり,生活を支えてくれていることを,見学や調査などの調べ学習,体験学習として学ぶこととなっている。また,見学や調査などの調べ学習,体

験学習で，直接働く人々に接するからこそ可能になるのであるが，児童は，仕事に携わっている人々の工夫や努力についても考え，思いをはせる——調べ，まとめ，それに基づいて話し合うなどの学習の展開が考えられる——ようにもなる。

そして，キャリア教育にとって肝心なことは，この第3・4学年の社会科の学習を，ただ単に社会科の学習として終わらせることなく，キャリア教育の視点から見直し，意義づけることである。この社会科の学習は，子どもたちのキャリア発達にとって次のような意義があると言えよう。

・産業・職業及びそれぞれの職業の仕事について知識を得る。
・地域の産業・職業及び仕事が自分たちの日々の暮らしや生活と深く関わり合い，支えていることを理解する。
・これらの知識，理解に加えて，仕事で働く人々の工夫や努力を知り，職に就き，働くことの意味，大切さを理解する。
・子どもたちの生活とのかかわりを通して，産業，職業，働くことを中心に社会の仕組みを理解する。

また，小学校社会科では，第5学年で，第3・4学年での学習を発展させて，我が国の農業や水産業及び工業生産について，それらが国民生活を支える重要な役割を果たしていることや，それらに従事している人々の工夫や努力などについて学ぶ。このように第5学年で，より広く，深く産業や職業，働く人々の姿，そして，それらを中心とした社会の仕組みを学ぶことは，キャリア教育の視点からすれば，子どもたちが自らの将来について夢やあこがれをもつことができるようになるために不可欠であるといえる。

3　中・高等学校学習指導要領におけるキャリア教育の取扱い

新しい中学校学習指導要領にも"キャリア教育"という語の記述はないが，新しい高等学校学習指導要領では，総則で，「生徒が自己の在り方生き方を考え，主体的に進路を選択することができるよう，学校の教育活動全体を通じ，計画的，組織的な進路指導を行い，キャリア教育を推進すること」と，新たに「キャリア教育を推進する」という記述が加えられた。しかし，中学校，高等学校

ともに，キャリア教育の中心的な場，機会と考えられる特別活動や総合的な学習の時間について，キャリア教育にかかわる改訂事項は必ずしも多くはなく，明らかにキャリア教育に関わる改訂と分かる事項をピックアップすれば，次のような点に限られている。

・中学校の総合的な学習の時間について，学習活動の例として，「職業や自己の将来に関する学習活動」が明示され，「職場体験活動……などの体験活動……を積極的に取り入れること」と示されたこと。また，高等学校の総合的な学習の時間については，学習活動の例として，「就業体験活動……などの学習活動……を積極的に取り入れること」と，「就業体験」が明示されたこと。

・中学校の学級活動及び高等学校のホームルーム活動の内容(3)について，「学ぶことの意義の理解」が「学ぶことと働くことの意義の理解」とされ，また，キャリア教育に関する調査・研究等を踏まえて，「望ましい職業観・勤労観の形成」が「望ましい勤労観・職業観の形成」とされたこと。

また，高等学校については，総則で「キャリア教育を推進する」とされたことを受けて，特別活動の指導計画の作成と内容の取扱いで，「(4)［ホームルーム活動］を中心として特別活動の全体を通じて，特に社会において自立的に生きることができるようにするため，社会の一員としての自己の生き方を探究するなど，人間としての在り方生き方の指導が行われるようにすること」と示されたこと。

・学校行事の「勤労生産・奉仕的行事」について，中学校では「職場体験」，高等学校では「就業体験」という記述が付け加えられたこと。

(1) 総則及び特別活動とキャリア教育

上述のように，新しい中学校学習指導要領には，"キャリア教育"という語の記述もなく，キャリア教育に直接かかわる改訂事項も多くはない。しかし，だからといって今次の改訂で，中学校におけるキャリア教育が軽視されたというわけではない。本書の第1章第2節で述べたように，1989（平成元）年の学習指導要領の改訂において，中学校進路指導は，総則で「生徒が自らの生き方

を考え主体的に進路を選択できるよう……」と示され，その理念において生き方の指導へと大転換が図られ，進路指導からキャリア教育へと大きく歩みを進めていた。そしてまた，理念の転換を受けて，学級活動での指導内容や学校行事の「勤労生産・奉仕的行事」も，"生き方の指導としての進路指導"にふさわしいものとなり，したがって，本章第3節2で具体的に示すように，かなりの程度においてキャリア教育にも対応しうる内容となっていた。このような平成元年の中学校学習指導要領の進路指導に関わる総則の規定及び学級活動や学校行事の内容等は，1998（平成10）年改訂の中学校学習指導要領，そして2008（平成20）年告示の中学校学習指導要領に引き継がれた。それゆえに，これからの中学校教育においてキャリア教育の推進が期待されているにもかかわらず，新中学校学習指導要領においては，キャリア教育に関わる大きな改訂がみられないと理解することができる。

　また，高等学校学習指導要領では，既述のように，総則で「キャリア教育を推進する」と謳われ，特別活動の指導計画の作成と内容の取扱いでは，「［ホームルーム活動］を中心として特別活動の全体を通じて，特に社会において自立的に生きることができるようにするため，社会の一員としての自己の生き方を探究する」とされている。しかし，高等学校教育のどのような機会・場あるいはどのような指導内容・方法でキャリア教育を推進するのか，また，特別活動のどのような学習・活動を通してキャリア教育を推進するのかについては必ずしも具体的に述べられてはいない。それは，中学校と同様に，平成元年の学習指導要領の改訂において，高等学校進路指導も，その理念において大転換が図られ，進路指導からキャリア教育へと大きく歩みを進めていたからであり，そしてまた，理念の転換を受けて，ホームルーム活動での指導内容や学校行事の「勤労生産・奉仕的行事」も"在り方生き方の指導としての進路指導"にふさわしいものとなり，キャリア教育に対応しうる内容となっていたからであろう。

　しかし，特別活動とキャリア教育との関係について指摘しておかなければならないことは，"(在り方)生き方の指導としての進路指導"の指導内容は，学級活動・ホームルーム活動の内容「(3) 学業と進路」に示されているわけであ

るが，それが十全にキャリア教育に対応しているわけではないということである。このことは，『国研報告書』が提案したキャリア教育で育成すべき4（8）能力と学級活動・ホームルーム活動の「(3) 学業と進路」の内容とを対照すれば明らかなことであるが，4（8）能力の内の「人間関係形成能力」（「自他の理解能力」・「コミュニケーション能力」）の育成に関わる指導内容は，学級活動・ホームルーム活動の内容「(2) 適応と成長及び健康安全」の「イ　自己及び他者の個性の理解と尊重」，「ウ　社会の一員として（社会生活における役割）の自覚と（自己）責任」そして「オ　望ましい（コミュニケーション能力の育成と）人間関係の確立」が対応している。また，詳細に検討すれば，「将来設計能力」の一つである「役割把握・理解能力」の育成に関わる指導内容は，学級活動・ホームルーム活動の「(1)　学級（ホームルーム）や学校の生活づくり」の「イ　学級（ホームルーム）内の組織づくりや仕事の分担処理」も関わっている。つまり，キャリア教育に関わる指導内容は，学級活動・ホームルーム活動の内容の「(3)　学業と進路」ばかりでなく，「(2)　適応と成長及び健康安全」及び「(1)　学級（ホームルーム）や学校の生活づくり」とも関わっているのであり，その意味で，中学校・高等学校の学級活動・ホームルーム活動の内容は，キャリア教育に対応していると言えるのである。

(2) 総合的な学習の時間とキャリア教育

　新しい中・高等学校学習指導要領は，「生きる力」の育成という理念を体現する総合的な学習の時間について，新しい章を立てて，目標を端的かつ明確に示すとともに，指導計画の作成と内容の取扱いについても，より一層詳細に示すなど，その規定の充実が図られている。キャリア教育に関わっても，語の直接的な記述はないが，公立中学校の96.5％，公立高等学校の69.1％が取り組み，それぞれ，その内の93.8％，25.5％が総合的な学習の時間で実施されている職場体験活動，就業体験活動（国立教育政策研究所調べ，2008年度実施状況）については，「職場体験活動（就業体験活動）……などの体験活動……を積極的に取り入れること」と，この時間の学習活動にも位置付けられた。この他にも，以下にみるように，この時間におけるキャリア教育の取組が期待されていると受け

止めることができる記述が随所にある。

　目標の「……自己の（在り方）生き方を考えることができるようにする」という記述は従前と変わらないが，「指導計画の作成と内容の取扱い」では，従前と比べて，一層踏み込んだ記述がされている。例えば，中学校については，「指導計画の作成に当たっての配慮事項」で，「学習活動については，学校の実態に応じて，例えば……職業や自己の将来に関する学習活動などを行うこと」とされている。また，「内容の取扱いの配慮事項」でも，「職場体験活動……などの体験活動……を積極的に取り入れること」とされていることに加えて，「職業や自己の将来に関する学習を行う際には，問題の解決や探究活動に取り組むことを通して，自己を理解し，将来の生き方を考えるなどの学習活動が行われるようにすること」と，キャリア教育に一層踏み込み，その在り方を示唆していると受け止めることができる記述もなされている。

　以上のように，総合的な学習の時間の取組を通してキャリア教育の充実が期待されるわけであるが，この時間におけるキャリア教育の取組にあたって十分に留意しなければならないことがある。それは，一つには，上述の内容の取扱いの記述に「職業や自己の将来に関する学習を行う際には，問題の解決や探究活動に取り組むことを通して」（傍点，筆者加筆）とあるように，キャリア教育の一環としてこの時間で実施される職場体験，就業体験等が，「自己を理解し，将来の生き方を考えるなどの」問題の解決や探究に資するものでなければならないということであり，間違っても，職場体験，就業体験等のキャリア教育を実施する時間が他では確保できないから，便宜的に，この時間に位置付けるということであってはならないということである。今一つには，キャリア教育の一環としての職場体験，就業体験等を，「職業や自己の将来に関する」探究的な学習としてばかりでなく，横断的・総合的な学習として実施すべきであるということである。具体的には，職場体験，就業体験等を，ただ単に勤労観・職業観を育む体験活動としてではなく，地域の歴史・文化・自然・産業・職業・生活などを総合する学習・活動の一環として実施するよう工夫すべきであるということである。これらの留意がなされた職場体験，就業体験等であってこそ，

この学習活動が、総合的な学習の時間にふさわしい「横断的・総合的な学習や探究的な学習」となるからである。

(3) 教科学習とキャリア教育

① **中学校社会科、高等学校公民科** 教科の学習を通じてのキャリア教育の推進は、中・高等学校のキャリア教育にとっても大きな課題であるが、直接的にキャリア教育に関わる学習内容を含んでいる教科は中学校では「社会科」であり、高等学校では「公民科」である。

【中学校社会科】 本章第1節の2で述べたように、『文科省報告書』は、キャリア教育の「不可欠な学習内容」として、「社会のしくみや経済社会の構造とその働きについての基本的理解」や「労働基準法や労働組合法などの知識」を挙げている。これらについて、中学校学習指導要領の社会科・【公民的分野】の「(2) 私たちと経済」で、「社会のしくみや経済社会の構造とその働きについての基本的理解」について、「身近な消費生活を中心に経済活動の意義」の理解や「価格の動きに着目させて市場経済の基本的な考え方について」の理解として取り上げることとされている。また、「労働基準法や労働組合法などの知識」については、「社会生活における職業の意義と役割及び雇用と労働条件の改善について、勤労の権利と義務、労働組合の意義及び労働基準法の精神と関連づけて考えさせる」と示され、直接的な学習内容になっている。

ところで、なぜ『文科省報告書』は、キャリア教育の「不可欠な学習内容」として、「労働基準法や労働組合法などの知識」を挙げているのであろうか、なぜ中学校の段階で「労働基準法や労働組合法などの知識」がキャリア教育の「不可欠な学習内容」なのであろうか。それは、フリーターなど非正規雇用で働く若者が増加し続けている雇用状況の下で、労働基準法などによる法的な保護について知らないままに過酷な労働条件を強いられている非正規雇用の若者、その内には、中学卒の学歴の者が少なからずいることから、中学校を卒業するまでに労働基準法や労働組合法などの知識を得る必要があるからと理解することができる。

【高等学校公民科】 高等学校では、直接、キャリア教育に関わる学習内容を

含んでいる教科・科目は,「公民科」の「政治・経済」及び「現代社会」である。

〈政治・経済〉「政治・経済」では,「不可欠な学習内容」とされている「社会のしくみや経済社会の構造とその働きについての基本的理解」については,それにかかわる学習内容が「(2) 現代の経済」の「ア 現代経済の仕組みと特質」で示されている。また,「労働基準法や労働組合法などの知識」については,「政治・経済」の「(3) 現代社会の諸課題」の「ア 現代日本の政治や経済の諸課題」で,「雇用と労働を巡る問題」が学習内容として示されている。

〈現代社会〉「現代社会」では,「不可欠な学習内容」とされている「社会のしくみや経済社会の構造とその働きについての基本的理解」や「労働基準法や労働組合法などの知識」を含めて,より広く,深くキャリア教育にかかわる学習内容が示されている。まず,「不可欠な指導内容」に関しては,「(2) 現代社会と人間としての在り方生き方」の「エ 現代の経済社会と経済活動の在り方」で取り扱われる。すなわち,「社会のしくみや経済社会の構造とその働きについての基本的理解」については,「市場経済の機能と限界」「政府の役割と財政・租税,金融」「経済成長や景気変動と国民福祉の向上」などとして取り上げられ,また,「雇用,労働問題」については,「雇用,労働問題,社会保障」や「個人や企業の経済活動における役割と責任」などとして取り上げられる。

後者について,『高等学校学習指導要領解説－公民編－』は,「近年の雇用や労働問題の動向を,経済社会の変化や国民の勤労権の確保の観点から理解を深めさせる。その際,終身雇用制や年功序列制などの制度の変化,非正規社員の増加,中高年雇用や外国人労働者にかかわる問題,労働保護立法の動向,労働組合の役割,仕事と生活の調和(ワーク・ライフ・バランス)などと関連させながら,雇用の在り方や労働問題について国民福祉の向上の観点から考えさせる」よう指導すると解説しており,この科目の学習内容とキャリア教育との関連の深さを示している。

また,「現代社会」では,「(2) 現代社会と人間としての在り方生き方」の「ア 青年期と自己の形成」で,「生涯における青年期の意義」,「自己実現と職

業生活」,「社会参加」などの学習内容が取り上げられる。これらの内容について,『高等学校学習指導要領解説―公民編―』は,次のように解説している。

「生涯における青年期の意義を理解させ」については,「青年期は……自らの生き方を多くの可能性の中から選択しつつ社会とかかわり合う中で自己を形成し,心理的,社会的な自立を遂げていく重要な時期であることを理解させる。また,青年期は自己の内面と現実社会の葛藤の中から,アイデンティティを確立する時期であることを理解させるとともに,よりよく生きることを追求することの大切さを自覚させる」と,この内容が,青年期における「人間としての在り方生き方」の指導に他ならないことを解説している（傍点,筆者加筆。以下同様）。また,この内容を取り上げるにあたっては,「生徒が生活の中で直面する問題を取り上げるなどして,『生涯にわたる学習の意義についても考察させ』（内容の取扱い）,生涯にわたって学び続けることが人間生活を豊かにし,よりよく生きることにつながることや,多くの可能性の中から自らの生き方を模索し主体的に選び取っていくためには学習が大切であることなどについて気付かせる」と,「在り方生き方」の指導の一環として,「学ぶことの意義」に気付かせる大切さも指摘している。

「自己実現と職業生活」については,「現代社会の特質や社会生活の変化とのかかわりの中で職業生活をとらえさせ,望ましい勤労観・職業観や勤労を尊ぶ精神を身に付けさせるとともに,自己の個性を発揮しながら新たなものを創造しようとする精神を大切にし,自己の幸福の実現と将来の職業生活や人生の充実について触れながら考察することが大切である」と,人が充実した人生を築いていく上での,「働くことの意義」を考察させる大切さを述べている。

「社会参加」については,「自己形成にとって社会とのかかわりが重要であること,社会参加することによって,社会の維持・発展に貢献するばかりでなく,自己実現を可能にすることができることなどを理解させ,どのように社会的役割を担っていくのかについて考察させる」と,社会参加が人のキャリア形成にとって大切であることを理解させ,その意欲,態度を養うことを指導すべきとしている。

以上の解説から分かるように、「現代社会」の学習は、「不可欠な指導内容」とかかわっているだけでなく、勤労観・職業観の形成、学ぶことや働くことの意義の理解、社会参加の意義や社会的役割の考察など、正に、青年期における在り方生き方の指導として、高等学校におけるキャリア教育と広く、深く関わっているのである。

　② その他の教科　社会科、公民科以外の教科（・科目）の学習がキャリア教育とどのようにかかわっているかを学習指導要領から読み取ることは必ずしも容易ではない。そこで、既述の『文科省報告書』と「中教審答申」とに手掛かりを求めれば、『文科省報告書』は、キャリア教育のキャリアを、ただ単に職業的キャリアとしてではなく、ライフキャリアと幅広くとらえ、「個々人が生涯にわたって遂行する様々な立場や役割の連鎖及びその過程における自己と働くことの関係付けや価値付けの累積」と定義している。また、「中教審答申」は、キャリア教育にどのように取り組むべきかについて、「生活や社会、職業や仕事との関連を重視して、特別活動や総合的な学習の時間をはじめとした各教科等の特質に応じた学習が行われる必要がある」（傍点、筆者加筆）としている。

　このように、キャリア教育でいうキャリアをライフキャリアと幅広くとらえるとともに、その学習を、生活や社会、職業や仕事との関連を重視した各教科等の特質に応じた学習ととらえて、中学校の各教科及び高等学校の必履修教科・科目とキャリア教育とのかかわりをみると、教科（・科目）によって濃淡があるものの、ほとんどの教科、必履修教科・科目の目標や内容等にキャリア教育に関連する規定があることが分かる。特に、中学校「理科」では、その指導上の配慮事項で、「科学技術が日常生活や社会を豊かにしていること……に触れること。理科で学習することが様々な職業などと関係していることにも触れること」とされており、キャリア教育と直接かかわる記述がある。

　また、一見、キャリア教育とはかかわりがないように思われる規定、例えば、中学校の「保健体育」の目標「生涯にわたって運動に親しむ資質や能力を育てるとともに健康の保持増進のための実践力の育成と体力の向上を図り、明るく

豊かな生活を営む態度を育てる」という規定や，高等学校の「音楽Ⅰ」の目標「音楽の幅広い活動を通して，生涯にわたり音楽を愛好する心情を育てるとともに，感性を高め，創造的な表現と鑑賞の能力を伸ばし」という規定は，ライフキャリアの視点からすれば，生涯にわたって運動に親しむ資質や能力を養うとともに，趣味として音楽を愛好し，創造的な表現能力を伸ばして，明るく豊かな生活を営む態度を育てることは，健康で豊かな生活につながるという，生涯キャリアにかかわる資質・能力や態度の育成にかかわっている。

以上のような教科学習でのキャリア教育と，既に述べた，特別活動及び総合的な学習の時間でのキャリア教育とを併せて，学校は，教育活動全体を通した体系的かつ系統的なキャリア教育への取組が期待されているのである。

第3節　キャリア教育の推進計画と教育課程での位置付け

学校が学習や活動を行うにあたっては，その目標とそれを実現するための計画を立案し，計画に基づいた取組が行われる。キャリア教育も例外ではない。各学校がキャリア教育を推進するにあたっては，自校の児童生徒の実態等に基づいて，キャリア教育を通してどのような児童生徒を育成したいのか，その"像"を描きつつ，育成のための計画を立て，組織的に取り組むことが必要である。その際，特に，キャリア教育が，学校の教育活動全体，すなわち教科（・科目），特別活動，総合的な学習の時間及び道徳等を通して取り組む統合的な教育活動であること，また，児童生徒の発達の段階を踏まえつつ，それらのキャリア発達をうながす教育活動であること，さらには，家庭や地域の教育資源を活用して行われる教育活動であることなどから，体系的かつ系統的な全体計画及び6年間あるいは3（4）年間にわたる，年間指導計画の立案とそれに基づく実施が求められる。

また，キャリア教育の推進計画の立案にあたっては，本章の第1節「2　キャリア教育の推進方策」で述べたところであるが，計画に盛り込む学習や活動が，学習指導要領で定められている各教科（・科目）・領域の学習や活動等とど

のように関わっているかなどを十分に検討して，それらを適切に教育課程に位置付けなければならない。とはいえ，既に述べたように，キャリア教育については，学習指導要領上必ずしも明確な規定がないままに，その推進が図られている現状においては，各学校におけるキャリア教育は，学校（・学科）や児童生徒の実態，保護者の願いや期待あるいは地域の実情などに応じた多様な取組が許容されるべきであるし，したがって，各教科（・科目）や領域のもっとも成果が期待できる機会，場で取り組まれることが適当と考えられ，したがってまた，そのような教育課程上の位置付けに基づいて，キャリア教育の推進計画が立案されるべきであろう。

1 キャリア教育の構想と推進計画の立案

　キャリア教育については，教科（・科目）等のように学習指導要領で，その目標や内容等が規定されているわけではない。各学校がキャリア教育を推進するにあたっては，自校の児童生徒の実態等に基づいて，キャリア教育を通してどのような児童生徒を育成したいのか，その"像"を描きつつ，指導内容・方法を開発するなどして，計画を立て，実施しなければならないのである。そこで，本項では，2002年11月の『国研報告書』が提案した「職業的（進路）発達課題」及び「職業観・勤労観を育む学習プログラムの枠組み（例）」（以下，「学習プログラムの枠組み（例）」と略）を手掛かりとして，キャリア教育の構想，計画の立案，実施について，以下に示すように，一つの提案をすることとしたい。これらを手掛かりとするのは，『国研報告書』が小・中・高等学校別に提案した「職業的（進路）発達課題」は，小・中・高等学校がキャリア教育を通してどのような児童生徒を育成したいのか，その"像"を描く上での示唆を与えるからであり，また，同報告書が提案した「学習プログラムの枠組み（例）」は，小・中・高校生が「職業的（進路）発達課題」を達成するために育成すべき能力・態度を示しており，小・中・高等学校がキャリア教育の指導内容・方法を考える上での参考となるからである。

【キャリア教育の構想，計画の立案についての一提案】

Step 1：「学習プログラムの枠組み」の作成

　キャリア教育の推進計画を立案するために，学校は，まず，児童生徒のキャリア発達課題と，それとの関連でどのような能力・態度を育成すべきかを明らかにする。

　『国研報告書』は，既述のように，「学校段階別に見た『職業的（進路）発達段階』と『職業的（進路）発達課題』」を示すとともに，「職業観・勤労観を育成する学習プログラムの枠組み（例）」（第2章の表2.1参照）を提示して，キャリア発達を促進するために育成すべき四つの能力，「人間関係形成能力」「情報活用能力」「将来設計能力」「意思決定能力」を提案している。

　そこで，小学校を例にとれば，小学校段階でのキャリア発達課題の達成を，どのような能力・態度の育成を通じて行うかについて，小学生のキャリア発達課題と育成すべき能力・態度との関連を検討，整理して，表4.1の「学習プログラムの枠組み」を作成する。

　このような「学習プログラムの枠組み」を作成することによって，小学生のキャリア発達課題と育成すべき能力・態度との関連をより明確に理解することができ，次のステップへと進むことができる。

Step 2：「自校の学習プログラムの枠組み」の作成

　学校は，次に，表4.1の「学習プログラムの枠組み」に基づいて，自校の児童生徒の生活や意識，あるいは学校，家庭・保護者，地域の実情・実態などから，自校の児童生徒のキャリア発達を促す上で，何が課題か，どのような能力・態度の育成に重点を置くべきかなどを検討し，自校の児童生徒に育成すべき能力・態度に焦点を絞った，「自校の学習プログラムの枠組み」を作成する。

　表4.2は，「自校の学習プログラムの枠組み」の例であるが，このように自校が取り組むキャリア教育の枠組みを作成することによって，自校の児童生徒に育成する能力・態度を焦点化することができ，自校のキャリア教育の課題を明確にすることができるのである。

第4章　小・中・高等学校におけるキャリア教育の推進　129

表 4.1　キャリア発達課題と育成すべき能力・態度
―小学校の「学習プログラムの枠組み」―

発達課題	発達を促すために育成することが期待される能力・態度		
	低学年	中学年	高学年
・自己及び他者への積極的関心の形成・発展	【人間関係形成能力】 ・友達と仲良く遊び，助け合う。 ・あいさつや返事をする。 ・「ありがとう」や「ごめんなさい」を言う。	【人間関係形成能力】 ・自分のよいところを見つける。 ・友達のよいところを認め，励まし合う。 ・自分の意見や気持ちをわかりやすく表現する。 ・友達の気持ちや考えを理解しようとする。 ・友達と協力して，学習や活動に取り組む。	【人間関係形成能力】 ・自分の長所や欠点に気づき，自分らしさを理解する。 ・話し合いなどに積極的に参加し，自分と異なる意見も理解しようとする。 ・思いやりの気持ちを持ち，相手の立場に立って考え行動しようとする。
・身のまわりの仕事や環境への関心・意欲の向上	【人間関係形成能力】 ・お世話になった人などに感謝し親切にする。 【情報活用能力】 ・身近で働く人々の様子が分かり，興味・関心を持つ。 ・係や当番の活動に取り組み，それらの大切さが分かる。 【将来設計能力】 ・家事の手伝いや割り当てられた仕事・役割の必要性が分かる。 ・決められた時間やきまりを守ろうとする。	【人間関係形成能力】 ・自分の生活を支えている人に感謝する。 【情報活用能力】 ・いろいろな職業や生き方があることが分かる。 ・係や当番活動に積極的に関わる。 【将来設計能力】 ・互いの役割や役割分担の必要性が分かる。	【情報活用能力】 ・身近な産業・職業の様子やその変化が分かる。 【将来設計能力】 ・社会生活にはいろいろな役割があることやその大切さが分かる。 【意思決定能力】 ・係活動などで自分のやりたい係，やれそうな係を選ぶ。

〈以下省略〉

　この表4.1から表4.2を作成する過程，すなわち，自校のキャリア教育の課題を明確にし，自校の児童生徒に育成する能力・態度を焦点化する過程，そして，その過程での議論を通して，キャリア教育を通してどのような児童生徒を

表4.2　A小学校（自校）のキャリア教育の学習プログラムの枠組み・例

発達課題	発達を促すために育成する能力・態度		
	低学年	中学年	高学年
・自己及び他者への積極的関心の形成・発展	【人間関係形成能力】 ・あいさつや返事をする。 ・「ありがとう」や「ごめんなさい」を言う。	【人間関係形成能力】 ・友達のよいところを認め、励まし合う。 ・友達の気持ちや考えを理解しようとする。	【人間関係形成能力】 ・思いやりの気持ちを持ち、相手の立場に立って考え行動しようとする。
・身のまわりの仕事や環境への関心・意欲の向上	【情報活用能力】 ・係や当番の活動に取り組み、それらの大切さが分かる。 【将来設計能力】 ・家事の手伝いや割り当てられた仕事・役割の必要性が分かる。	【情報活用能力】 ・係や当番活動に積極的に関わる。 【将来設計能力】 ・互いの役割や役割分担の必要性が分かる。	【意思決定能力】 ・係活動などで自分のやりたい係、やれそうな係を選ぶ。

〈以下省略〉

育成したいのかということが次第に明らかになり、キャリア教育の「目標」の設定につながる。また、この過程に携わる教師は、自校のキャリア教育が目指すところや、それを実現するために児童生徒に育成すべき能力・態度を議論し、検討するわけであるから、キャリア教育への理解を深めるとともに、自校が取り組むキャリア教育の全体像を構想することにもなる。

Step 3：計画の作成

Step 1，2を経て、学校・教師は、キャリア教育を通して育成したい児童生徒"像"を描くとともに、育成すべき能力・態度を明らかにすることになる。また、学校・教師は、自校のキャリア教育の全体像を構想する。これらのことを生かして、学校はキャリア教育の計画を作成することとなる。

① 目標の設定　「学校と社会及び学校間の円滑な接続を図るためのキャリア教育を……実施する必要がある」という「接続答申」を受けて、『文科省報告書』は、キャリア教育を「児童生徒一人一人のキャリア発達を支援し、それぞれにふさわしいキャリアを形成していくために必要な意欲・態度や能力を育てる教育」、端的には、「児童生徒一人一人の勤労観、職業観を育てる教育」と

定義した。またその上で，同報告書は，キャリア教育の意義について，児童生徒一人一人がキャリア発達課題の達成を通して，将来，社会人・職業人として自立していくために必要な能力や態度を身に付けることであるとしている。これらからキャリア教育がどのような教育活動で，何を目指しているかを読み取れば，児童生徒一人一人のキャリア発達を指導・援助する教育活動であり，そのことを通して，児童生徒が，将来，社会人・職業人として自立していくために必要な能力や態度を育成することを目指しているといえる。

このように答申や報告書から読み取ることができるキャリア教育の目標は，いわば，国としてのキャリア教育の目標であり，キャリア教育に取り組む学校に共通する目標といえるであろう。

各学校・教師がキャリア教育に取り組むに当たっては，この共通の目標を踏まえつつ，自校の児童生徒が，将来，社会人・職業人として自立していくために，どのような能力・態度を育成しなければならないのか，どのような児童生徒を育成したいのかということを明らかにして，自校のキャリア教育の「目標」を設定しなければならないが，それは，(2)で述べたように，「自校の学習プログラムの枠組み」を作成する過程で検討され，導き出されるものであろう。

② **内容・方法の開発** 改めて断るまでもなく，計画を立案するためには，目標に加えて，それを実現するために必要な学習や活動の内容・方法を明らかにし，これを計画に盛り込まなければならない。そして，この"必要な学習や活動の内容・方法を明らかに"するということは，既に作成されている「自校の学習プログラムの枠組み」に盛られている育成すべき「能力・態度」を，どのような学習や活動で育成するのか，その内容・方法を開発するということである。

しかし，ここでいう"開発するということ"は，必ずしも新たな学習や活動の内容・方法をキャリア教育のために開発するということではない。従前から取り組んできた教科，道徳，特別活動及び総合的な学習の時間における学習や活動をキャリア教育の視点から見直し，これをキャリア教育に位置付けることも少なくないはずである。

③ **発展的取組の工夫** 学習や活動の内容・方法の開発そして計画の立案に当たっては，キャリア教育が，児童生徒が，将来，社会人・職業人として自立していくために必要な能力や態度の育成を目指す教育活動であることから，小学校から高等学校までの12年間にわたる継続的，系統的な教育活動として展開されることが期待される。そのためには，小・中・高等学校のそれぞれの学校段階において，学習や活動が低学年から高学年へと発展的な取組となるよう，その内容・方法を工夫すること，また，小学校と中学校との連携及び中学校と高等学校との連携が十分に図られることが必要となる。

東京都教育委員会が作成し，2004（平成16）年3月に発行した『進路指導啓発資料』は，こうした課題に応える学習や活動の具体的な事例を提案している。同資料の小・中学校の部分に着目すれば，小学校段階における「身の回りの仕事や環境への関心・意欲の向上」，中学校段階における「興味・関心等に基づく職業観・勤労観の形成」というキャリア発達課題の達成のために，小学校，中学校それぞれで，また小学校から中学校へと，どのように発展的に学習や活動を展開するかについて提案されている。

これを少し詳しくみると，小学校については，「勤労観・職業観をはぐくむ係の活動」として，低学年から中学年そして高学年へという学年の進行に応じて，「係り活動の開始（一人一役の係の活動）」→「係り活動の充実（アイディアを生かした係の活動）」→「委員会活動への発展（主体的に取り組む委員会活動）」と，係活動を，単なる役割活動から，内容を工夫して楽しさや充実感を味わう活動へ，さらには役割意識や責任感を高める活動へと発展的に取り上げることが提案されている。また，中学校については，「興味・関心に基づいて勤労観・職業観を形成する体験的活動」として，学年の進行に応じて，あるいは学習・活動の順序性ということから，「職業調べ」→「職場訪問」→「職業体験」といった体験活動を提案している。この「調べ」・「訪問」・「体験」は，生徒が，職業に就き，働く意義や目的などについて，中学生という発達段階にふさわしく，主体的な学習や活動によって理解することができるようにするものであり，「調べ」から「訪問」そして「体験」への発展的な取り扱いによって，「調べ」や

「訪問」が「体験」の事前指導となっている。また，これらの学習や活動は，小学校の係活動，委員会活動等で養われた勤労観や人間関係形成能力を，社会との関わりや大人とのコミニケーションを通して，より発展させるという提案でもある。

　④　**教育課程への位置付け**　最後に，計画の立案に当たっては，②で開発されたキャリア教育の学習や活動を，③に留意しながら，教育課程に位置付ける必要がある。

　キャリア教育の学習や活動を教育課程に位置付けるにあたっては，学習指導要領の規定から，どの教科（・科目）で取り上げるのか，何学年で取り扱うのかなどについて，自ずと明らかな学習や活動も少なくない。しかし，学習や活動によっては，道徳の時間で取り上げるのか，特別活動で行うのか，あるいは，学校行事として実施するのか，総合的な学習の時間の学習や活動として実施するのかなど，その位置付けが自明であるとは限らないものもある。そのような学習や活動を，どう教育課程に位置付けるかは，実施学年や各領域等で，どれくらいの時間数をキャリア教育に充てることができるのかなどによって，あるいは，キャリア教育をどの領域を中心として計画，実施するのかなどによっても異なってくるであろう。いずれにしても，キャリア教育の計画の立案に当たっては，その学習や活動を教科（・科目）の学習に位置付けるのか，それとも道徳，特別活動あるいは総合的な学習の時間いずれに位置付けるのが適切なのかを十分に検討して，教育課程に位置付ける必要がある。

　Step 4：推進組織・体制の確立

　計画の立案・実施に当たっては，特定の校務分掌や学年担当の教師まかせにすることなく，キャリア教育に取り組む組織・体制を確立して取り組まれなければならない。また，家庭，地域等と連携する組織・体制を確立し，学校外の教育資源の活用を図ることが不可欠である（本節3(4)②で詳述）。

　Step 5：評価

　キャリア教育の目標，内容等に基づいて，生徒の成長・発達をみとるチェック・シートなどを作成し，指導の成果を評価するとともに，指導の成果から，

指導計画及び指導内容・方法等の適否などを評価して，その結果を次期の計画の策定等に生かすことが大切である（本節4で詳述）。

2　学級活動・ホームルーム活動を柱としたキャリア教育の計画，実施

　キャリア教育は，繰り返し述べてきたように，学校の教育活動全体，すなわち教科（・科目），特別活動，総合的な学習の時間及び道徳等を通して取り組む総合的かつ統合的な教育活動である。そのようなキャリア教育の教育活動としての性格からすれば，そのカリキュラムは，各領域にわたるクロス・カリキュラムとして編成されるべきものであろう。しかし，このような原則を踏まえつつも，各学校でのキャリア教育の取組，そのための計画の立案を，より実際的，実践的に考えると，その柱ともなるべき学習・活動の機会・場を設けて，これとの関連で他の領域での学習・活動を計画し，実施することが考えられる。

　そこで，本項では，キャリア教育を，中・高等学校については，主として特別活動の学級活動・ホームルーム活動に位置付けて，また，小学校については，特別活動の学級活動と道徳に位置付けて，これを柱としてキャリア教育を計画し，実施することを提案する。

(1)　中・高等学校における教育課程への位置付け

　既に繰り返し触れてきたように，キャリア教育で児童生徒に育成すべき能力・態度については，「学習プログラムの枠組み（例）」で，「人間関係形成能力」（「自他の理解能力」「コミュニケーション能力」）「情報活用能力」（「情報収集・探索能力」「職業理解能力」）「将来設計能力」（「役割把握・理解能力」「計画実行能力」）「意思決定能力」（「選択能力」「課題解決能力」）の4（8）能力が提案されている。一方，中・高等学校学習指導要領の学級活動・ホームルーム活動の内容（ホームルーム活動の内容は（　）内で示す）として，「(3)　学業と進路」で，「学ぶことと働くことの意義の理解」「主体的な学習態度の確立」（「教科・科目の適切な選択」）「進路適性の吟味（理解）と進路情報の活用」「望ましい勤労観・職業観の形成」「主体的な進路の選択（選択決定）と将来設計」が示され，また，「(2)　適応と成長及び健康安全」で，「自己及び他者の個性の理解と尊重」「社会の一

員としての自覚と責任（社会生活における役割の自覚と自己責任）」「望ましい人間関係の確立（コミュニケーション能力の育成と人間関係の確立）」などが示されている。

　一読して分かるように，「学習プログラムの枠組み（例）」の４（８）能力と学級活動・ホームルーム活動の内容とは，語の上で共通している部分が少なくない。そこで，４（８）能力と学級活動・ホームルーム活動の内容との対応関係をより明確にするための試みとして，両者を対照する図を以下のように作成した（図4.2）。

　また，「４（８）能力」と学級活動・ホームルーム活動の内容との対応関係が，ただ単に語の上での共通性だけではなく，前者が育成したい能力と後者の指導のねらいや内容とが対応し，少なからず共通していることを明らかにするために，二つの能力と指導内容について，以下の対照表，表4.3を作成した（指導内容については，学習指導要領の『解説』の記述による）。

　図と対照表から分かるように，４（８）能力と中・高等学校の学級活動・ホームルーム活動の内容とは，ただ単に語の上で対応し，共通しているばかりでなく，前者が育成したい能力と後者の指導のねらいや内容とは，かなりの程度において対応し，共通性を有しているのである。このことは第１章第３節３で述べたように，我が国の中・高等学校の進路指導が，1989（平成元）年の学習指導要領の改訂を機に，キャリア教育への歩みを進めていたからである。

　以上のような理解と確認に基づいて，中・高等学校については，キャリア教育を，主として特別活動の学級活動・ホームルーム活動に位置付け，これを柱としてキャリア教育を計画することを提案するのである。

(2) 小学校における教育課程への位置付け

　小学校教育においては，これまで進路指導が教育活動として位置付けられていなかったことから，中・高等学校とは異なり，学級活動に進路指導にかかわる内容が規定されていなかった。キャリア教育に関連する指導内容としては，唯一，1998（平成10）年の小学校学習指導要領の改訂において，ガイダンスの機能の充実の観点から，「希望や目標をもって生きる態度の育成」が学級活動

図 4.2　4 (8) 能力と学活・HR 活動の内容との対照

人間関係形成能力	自他の理解能力	自己及び他者の個性の理解と尊重　進路適性の理解	適応と成長及び健康安全
	コミュニケーション能力	コミュニケーション能力の育成と人間関係の形成	
情報活用能力	情報収集・探索能力	進路情報の活用	
	職業理解能力	望ましい勤労観・職業観の確立	
将来設計能力	役割把握・認識能力	社会生活における役割の自覚と自己責任　学ぶことと働くことの意義の理解	学業と進路
	計画実行能力	将来設計	
意思決定能力	選択能力	主体的な進路の選択決定　教科・科目の適切な選択	
	課題解決能力	主体的な学習態度の確立	

表 4.3　育成したい能力と指導のねらい・内容との対照

4 (8) 能力	ホームルーム活動の内容
人間関係形成能力〈コミュニケーション能力〉	**コミュニケーション能力の育成と人間関係の確立**
他者の個性を尊重し,自己の個性を発揮しながら,様々な人々とのコミュニケーションを図り,協力,共同してものごとに取り組む。〈コミュニケーション能力〉多様な集団・組織の中で,コミュニケーションや豊かな人間関係を築きながら,自己の成長を果たしていく能力。	社会的な自立を目指そうとする高校生段階から,コミュニケーション能力の育成と多様な人間関係の確立は重要な課題であり,他者の言葉や意見に耳を傾け,自分の考えや思いを適切に表現する力,様々な集団において望ましい人間関係を築く力を高めることが求められている。
将来設計能力〈役割把握・理解能力〉	**社会生活における役割の自覚と自己責任**
夢や希望をもって将来の生き方や生活を考え,社会の現実を踏まえながら,前向きに自己の将来を設計する。〈役割把握・理解能力〉生活や仕事上の多様な役割や意義及びその関連等を理解し,自己の果たすべき役割等についての認識を深めていく能力。	社会の一員として,経済生活や職業生活,あるいは家庭や地域などの生活において果たすべき役割や責任について自覚を深めさせるとともに,社会人としてふさわしい言葉遣いや態度など社会生活を営む上で必要なマナーやスキルについて体験的に習得させるなど社会的自立に向けた指導が大切である。

の内容に加えられた。しかし，今次（平成20年）の改訂では，キャリア教育を推進するために，学級活動の内容に「清掃などの当番活動の役割と働くことの意義の理解」が新たに加えられた。とはいえ，キャリア教育を学級活動に位置付けて計画するには，その内容は必ずしも十分ではない。

そこで，本章第2節の2で述べたように，今次の改訂では，道徳の内容についてもキャリア教育にかかわる改善・充実が図られていることを踏まえて，小学校においては，キャリア教育で期待される「4（8）能力」の育成を，学級活動と道徳に位置付けて，これを柱にキャリア教育の計画を立案することを提案したい。そのような視点から，以下の図4.3を作成し4（8）能力と学級活動及び道徳の内容とを対照することを試みた。

また，前項での試みと同様に，4（8）能力と学級活動・道徳の内容との対応関係が，ただ単に語の上での共通性だけではなく，前者が育成したい能力と後者の指導のねらいや内容とが対応し，共通していることを明らかにするために，二つの能力と指導内容について，対照表，表4.4を作成した。

小学校では，これらの図，表から分かるように，4（8）能力と学級活動及び道徳の内容とにおいて，前者が育成したい能力と後者の指導の内容とは，かなりの程度において対応し，共通性を有しているのである。

このような理解と確認に基づいて，小学校については，キャリア教育を，主として特別活動の学級活動及び道徳の時間の学習に位置付け，これを柱としてキャリア教育を計画することを提案する。

(3) キャリア教育を学級活動・ホームルーム活動等に位置付ける意義

キャリア教育を，教育課程上，主として学級活動・ホームルーム活動あるいは学級活動と道徳に位置付けて計画し，実施することを提案するのは，キャリア教育で育成したい4（8）能力と学級活動・ホームルーム活動及び道徳の指導内容とが対応し，共通性を有しているからだけではない。学級活動・ホームルーム活動（及び道徳の時間）については，全ての小・中・高等学校で，年間35授業時間が設けられているからでもある。つまり，キャリア教育を，教育課程上，主として学級活動・ホームルーム活動あるいは学級活動と道徳に位置

図4.3　4(8)能力と学級活動・道徳の内容との対照

人間関係形成能力	自他の理解能力	自分の特徴に気付き、よい所を伸ばす友達と互いに理解し、信頼し、助け合う	学級活動
	コミュニケーション能力	望ましい人間関係の形成	
情報活用能力	情報収集・探索能力	働くことの大切さを知り、進んでみんなのために働く	
	職業理解能力	清掃などの当番活動等の役割と働くことの意義の理解	
将来設計能力	役割把握・認識能力	学級内の組織づくりと仕事の分担処理	道徳(3, 4学年)
	計画実行能力	希望や目標をもって生きる態度の形成 より高い目標を立て,希望と勇気をもってくじけないで努力する	
意思決定能力	選択能力	正しいと判断したことは,勇気をもって行う	
	課題解決能力	学級や学校における生活上の諸問題の解決	

表4.4　育成したい能力と指導のねらい・内容との対照

4(8)能力	学級活動・道徳の内容
情報活用能力 〈職業理解能力〉	**清掃などの当番活動の役割と働くことの意義の理解**
学ぶこと・働くことの意義や役割及びその多様性を理解し,幅広く情報を活用して,自己の生き方の選択に生かす。 〈職業理解能力〉 様々な体験を通して,学校で学ぶことと社会・職業生活との関連や,今しなければならないことなどを理解していく能力。	低学年から所属する集団やみんなのために一生懸命働く経験を重視し,日常の積み重ねを通してキャリア教育の一環として働くことの大切さや意義を理解させていくことは,児童会活動における学校に寄与する活動などの充実につながるとともに,望ましい勤労観・職業観を育て,公共の精神を養い,社会性の育成を図ることにもつながる。
意思決定能力 〈選択能力〉	**正しいと判断したことは,勇気をもって行う**
自らの意志と責任でよりよい選択,決定を行うとともに,その過程での課題や葛藤に積極的に取り組み克服する。 〈選択能力〉 様々な選択肢について比較検討したり葛藤を克服したり,主体的に判断し,自らにふさわしい選択・決定を行っていく能力。	児童は認識能力を高め,正しいことや正しくないことについての判断力も高まってくる。しかし,正しいことと知りつつもそのことをなかなか実行できなかったり,悪いことと知りつつも回りに流されたり,自分の弱さに負けたりしてしまう時期でもある。そこで,正しいことを行えないときの後ろめたさや後悔の念と,勇気を発揮したときの自信と誇りについて考えることなどを通して,正しいと判断したことは勇気をもって行い,正しくないと判断したことは勇気をもってやめる態度を育てる必要がある。

付けることによって，小学校第1学年から高等学校第3（4）学年まで，確実にキャリア教育のための機会，場を確保することができるからであり，また，そのことによって小学校第1学年から高等学校第3（4）学年までの，継続的，発展的なキャリア教育の推進も可能になるからである。今一つ付け加えれば，推進途上にあり，その普及が大きな課題となっているキャリア教育において，指導内容・方法等に一定程度の共通性を有すること，そのために共通する教育課程上の位置付けで推進を図ることは意味があることだからでもある。

3　キャリア教育と体験活動

　キャリア教育においては，前項で提案した学級活動・ホームルーム活動や道徳の時間等での学習に加えて，児童生徒に職業や進路などに関する様々な体験を得させることが必要であり，学習と体験活動との関連を図って，体系的に推進することが期待される。キャリア教育における体験活動の必要性，重要性については，既に，本章の第1節「キャリア教育推進のための方策」の項，及び，第2節の「中教審答申」に関する項で取り上げたところであるが，本項では，学習指導要領で体験活動がどのように規定されているのか，また，体験活動とキャリア教育とのかかわりについて，どのように記述されているのかをみるとともに，国立教育政策研究所が作成，発刊した『キャリア教育体験活動事例集（第1分冊）』を基に，児童生徒の発達段階別に，キャリア教育における体験活動の意義を検討することとしたい。

(1)　学習指導要領にみる体験活動

　中・高等学校学習指導要領は，特別活動の「勤労生産・奉仕的行事」について，「勤労の尊さや創造することの喜びを体得し，職場体験（就業体験）などの職業（職業観の形成）や進路にかかわる啓発的な（進路の選択決定などに資する）体験が得られるようにするとともに，共に助け合って生きることの喜びを体得し，ボランティア活動などの社会奉仕の精神を養う体験が得られるような活動を行うこと」（（　）内は，高等学校の記述である）と示している。学習指導要領は，中・高等学校の「勤労生産・奉仕的行事」が，生徒に職業や進路にかかわる啓

発的な体験，あるいは職業観の形成や進路の選択決定などに資する体験を得させる行事であること，すなわち，キャリア教育にかかわる体験活動の機会，場であることを明確に示しているのである。このことは，『中学校学習指導要領解説—特別活動編—』が，「勤労の尊さや意義を理解し，職業や進路の選択と社会的自立に必要な望ましい勤労観や職業観を身に付けたり，共に助け合って生きる人間として必要な社会奉仕の精神を身に付けたりするなど，人間としての生き方についての自覚を深め，将来の社会人として自立していくための態度や能力を育てる」と解説していることからも分かる。

　また，高等学校学習指導要領は，総則第1款の4で，「学校においては，地域や学校の実態等に応じて，就業やボランティアにかかわる体験的な学習の指導を適切に行うようにし，勤労の尊さや創造することの喜びを体得させ，望ましい勤労観，職業観の育成や社会奉仕の精神の涵養に資するものとすること」と示している。この総則の規定について，『高等学校学習指導要領解説—総則編—』は，「このような体験的な学習は，高等学校段階の生徒にとって，自分と社会のかかわりに対する理解と認識を深め，生徒が自己の在り方生き方を考える上でも極めて重要となっている。就業体験（インターンシップ）については，中央教育審議会答申（平成20年1月）において，社会人・職業人として自立していくためには，生徒一人一人の勤労観・職業観を育てるキャリア教育を充実することが重要であり，その一環として小学校での職場見学，中学校での職場体験活動，高等学校での就業体験活動等を通じた体系的な指導を推進することが提言されている。就業体験は，職業の現場における実際的な知識や技術・技能に触れることが可能となるとともに，学校における学習と職業との関係についての生徒の理解を促進し，学習意欲を喚起すること，生徒が自己の職業適性や将来設計について考える機会となり，主体的な職業選択の能力や高い職業意識の育成が促進されること，生徒が教師や保護者以外の大人と接する貴重な機会となり，異世代とのコミュニケーション能力の向上が期待されることなど，高い教育効果を期待できるものである」と解説して，高等学校における就業体験（インターンシップ）及び小・中学校における職場見学や職場体験がキャリア

教育にかかわる体験活動であることを明確に示すとともに，それらのキャリア教育における意義を列挙している。

(2) 児童生徒の発達段階別にみるキャリア教育における体験活動の意義

　国立教育政策研究所が2008年3月に発刊した『キャリア教育体験活動事例集（第1分冊）』（以下，『事例集1』と略）は，「Ⅰ　キャリア教育と体験活動」で，キャリア教育における体験活動の意義を児童生徒の発達段階別に取り上げている。キャリア教育における体験活動の意義を，小学校段階を含めて発達段階別に取り上げた先行研究はなく，その意味で貴重な記述であるので，紹介することとしたい。

　① 　小学校段階　『国研報告書』が提案した「学習プログラムの枠組み（例）」で，小学校段階は，キャリア発達における基盤形成の時期とされている。このことを踏まえて，『事例集1』は，小学校段階でのキャリア教育の意義について，「日常生活の様々な活動を通して，『大きくなったら何になりたいか？』『どんな人になりたいか？』というような『夢』『希望』『あこがれ』を持ち，児童が自らの将来の生き方について考えることができるようにすることが大切である」と述べ，児童のキャリア形成にかかわる体験活動の意義については，「学びへの好奇心，課題発見等の学習の動機付けや意欲を高め，思考や実践，課題解決等の創意を広げ，次への体験や学びへの深化を促す『学びの過程』の基盤と成り得るものである」としている。

　また，同書は，この段階での体験活動の教育的性格について，「多くの場合，多種多様な教育的機能を果たしながら，教育的効果を生み出す」ものであり，したがって，キャリア教育としてのねらいを持つ体験活動が，「社会性を育む生徒指導的な側面，また肯定的な人間関係を育むコミュニケーション能力の育成等……複合的に機能していく」と指摘した上で，小学校におけるキャリア教育にかかわる体験活動では，「方法や手法をあまり限定せず……地域に学び，様々な人たちとかかわる体験を持つことが重要」で，そのことから，児童に「社会の様々な立場や役割についての理解，仕事への関心，夢やあこがれ」が育まれると述べている。

② **中学校段階** 『事例集１』は，中学校段階でのキャリア教育の意義について，「小学校で育まれた自己及び他者への積極的な関心や，将来への夢や希望，勤労を重んじる態度等の基盤を基に，生徒一人一人が自分独自の内面の世界があることに気付き，個性の発見・伸長を図り自立心を養いながら，社会への視野を広げつつ，自己と社会とを結びつけていくことが重要である」と指摘している。

その上で，同書は，中学校段階でのキャリア教育における体験活動について，「自己と他者及び社会とをつなぐ学びの場である」と位置付け，その上で，体験活動の意義について，「現実的選択と暫定的選択を繰り返すキャリア発達段階にある中学生にとって，……社会を見つめ自己の生き方や進路について考えていくための重要な機会ともなる体験活動は，自己及び他者の肯定的な理解を深め，望ましい勤労観・職業観を形成する」とともに，「社会と職業への関心を高め……，将来の社会的自己実現に向けた活動としての意義を持つ」と述べている。

③ **高等学校段階** 『事例集１』は，「現実的探索・試行と社会的移行の準備の時期」というキャリア発達段階にある高校生のキャリア形成にかかわる体験活動の意義として，大別して，概略，以下の三つを挙げている。

第１に，インターンシップといった体験活動は，社会人・職業人としての勤勉さや責任感あるいはルールやマナーを学ぶとともに，……異年齢の人々とのコミュニケーションの仕方を身に付け，社会人・職業としての能力，態度を一層高めることができる。

第２に，職業に対する理解を一層深めて，明確な進路希望としての職業の選択に役立てたり，その希望する職業に就くための進学先の選択に役立てることができる。また，このように明確な進路希望を形成し，その実現の方途を探索することは，今，学校で何を学ぶべきか，学ばなければならないかを理解し，教科・科目やコースの選択に役立てたり，学習意欲を高めることにつながる。

第３に，生徒が自己の個性や職業適性を改めて考えたり，自己理解の深化を図るまたとない機会である。また，インターンシップなどでの勤労体験の過程で，職場での働きぶりを高く評価されたりする経験は，自己の社会的な存在意

義を感得し，社会参加への自信を深めて，「自己受容」する機会ともなる。

(3) **キャリア教育における体験活動の意義のまとめ**

キャリア教育における体験活動の意義について，『文科省報告書』，「中教審答申」，「学習指導要領」とその「解説」そして『事例集1』でどのように記述されているかをみたが，それは極めて多岐にわたっている。そこで，それをいくつかの視点でまとめてみた。

〈肯定的自己理解と自己受容〉
・自分の長所を見出すなど，自己理解を深める。〈中・高〉
・自己の能力，適性を考えたり，気づいたりする機会となる。〈中・高〉
・自己の社会的な存在意義を感得し，社会参加への自信を深めて，自己及び他者を肯定的に理解する。すなわち，「自己有用感」を感得し，「自尊感情」を高めて「自己受容」する。〈中・高〉

〈社会的・職業的能力の育成と勤労観・職業観の形成〉
・異年齢の人々とのコミュニケーションの仕方を身に付け，人間関係能力を高める。〈小・中・高〉
・挨拶，言葉づかい，時間の厳守など，職業生活，社会生活に必要なマナーやルール，勤勉さや責任感などを身に付け，社会人・職業としての資質・能力，態度を高める。〈中・高〉
・社会生活・職業生活に必要な知識，技能を習得する。〈高〉
・勤労の尊さを体験し，望ましい勤労観や職業観の形成に資する。〈小・中・高〉

〈将来の生き方，進路の考察と選択〉
・自らの将来について夢やあこがれをもつことにつながる。〈小・中〉
・社会と職業や勤労に関する興味・関心を高める。〈小・中・高〉
・将来の生き方や進路に対する関心を高めるとともに，それらを具体的，現実的に考える重要な機会となる。〈中・高〉
・職業や仕事の世界について，より具体的・現実的に理解し，職業の選択に役立てる。〈中・高〉

・希望する職業に就くための進路としての上級学校について理解を深め、その選択に役立てる。〈中・高〉

〈学ぶことの意義の理解と学ぶ意欲の向上〉
・学びへの好奇心を持たせ、学習を動機付け意欲を高める。〈小・中・高〉
・思考や実践、課題解決等の創意を広げ、次への体験や学びの深化を促す「学びの過程」の基盤を形成する。〈小〉
・学ぶことと働くことを結びつけ、生きることを実感し、将来について考える。〈中・高〉
・今、学校で何を学ぶべきか、学ばなければならないかを理解し、教科・科目やコースの選択に役立てたり、学習や活動の意欲を高める。〈中・高〉

(4) 職場体験・インターンシップ等、体験活動実施上の課題

これまで述べたように、今日、多くの中学校、高等学校が、キャリア教育にかかわる体験活動として、職場体験・インターンシップに取り組んでいる。キャリア教育にとって、学習と体験は一体のものであって、いずれをも欠くことはできない。そのことからすれば、多くの中・高等学校が職場体験・インターンシップに取り組んでいることは望ましい状況であるといえる。しかし、キャリア教育としての職場体験・インターンシップの実施の現状に課題がないわけではない。それを列挙すれば、以下のとおりである。

① **キャリア教育にかかわる体験と学習との一体的な取組**　中学校で96.5％、高等学校でも69.1％という高い割合で職場体験・インターンシップが実施されている一方で、職場体験やインターンシップの事前、事後の指導が適切な内容・方法で、十分な時間をかけて実施されているかという問題がある。このことに関連して、既にみたように、学級活動・ホームルーム活動には、キャリア教育にかかわる指導内容が示され、職場体験やインターンシップ等、キャリア教育にかかわる体験活動との関連を図った学習が期待されているが、そのような学習が行われているかという問題もある。

このことについて、日本進路指導協会が文部科学省の委託を受けて行った『中学校・高等学校における進路指導に関する総合的実態調査』（平成16年度）の

結果でみると，中学校では，第2学年での「総合的な学習の時間」において，「職場・福祉施設などにおける体験学習」とともに，この「体験学習にかかわる事前・事後の指導」が多くの学校で取り組まれている。

　この実態からすれば，上記の「体験と学習との一体的な取組」という課題は，一応解決されているといえるが，体験活動及び事前・事後の指導が，ともに「総合的な学習の時間」で実施されていることに問題なしとはしない。

　また，同調査によれば，高等学校においても，第2学年での「総合的な学習の時間」において，約60%の学校で「体験的な学習」が実施されている。

　② **家庭，地域との連携とそのための組織・体制の確立**　学校が，職場体験や就業体験などの勤労や職業に関する体験をはじめとして様々な体験活動，それらを通じて生徒が地域の社会人・職業人などと触れ合う活動，すなわち，キャリア教育にかかわる体験活動を学校の教育活動として恒常的に実施していくためには，改めて家庭や地域の教育資源を掘り起こしながら，それらを組織し，実施体制を構築することが極めて重要であり，キャリア教育推進上の課題となっている。

　特に，中学校で5日間以上の職場体験の実施が，また，高等学校ではインターンシップばかりでなく，デュアルシステムの実施が期待される中で，中学校と高等学校がそれらを実施するためには，これまでのように学校（学年）単位で，毎年，受入れ事業所等を開拓し，協力を依頼するといった連携の在り方では，極めて不十分で，恒常的な教育活動としての実施は期待できないといわざるを得ない。教育委員会や校長会などの組織と諸機関（労働，経済関係の機関など），諸団体（経営者協会や商工会議所・商工会など），組織（福祉協議会など）あるいは家庭（PTAの組織など）とが連携する組織を，地域ごと（例えば，高等学校については地区校長会単位あるいはハローワーク単位，小・中学校については市区町村教育委員会単位あるいは商工会議所・商工会単位）に構築することが必要である。

　以上のような課題が解決されることによって，キャリア教育にかかわる体験活動を，教科などの学習活動と同様の，学校教育に不可欠な学習活動として定着させることができるのである。

4 キャリア教育における学習や活動の成果の評価

　キャリア教育の評価について，本節の1の【キャリア教育の構想，計画の立案についての提案】で，「キャリア教育の目標，内容等に基づいて，児童生徒の成長・発達をみとるチェック・シートなどを作成し，指導の成果を評価するとともに，指導の成果から，指導計画及び指導内容・方法等を評価し，その結果を次期の計画の策定等に生かす」と述べた。この「指導計画及び指導内容・方法等を評価し，その結果を次期の計画の策定等に生かす」という記述は，マネジメント・サイクルとしてのPDCAサイクルの考え方に基づく，学校評価としてのキャリア教育の評価の在り方について述べたものであり，これを図示すれば，以下のようになるであろう。

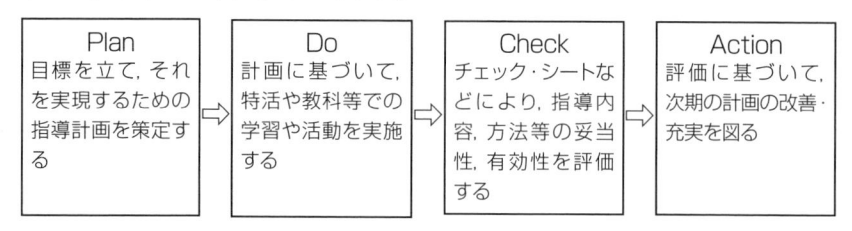

| Plan 目標を立て，それを実現するための指導計画を策定する | ⇒ | Do 計画に基づいて，特活や教科等での学習や活動を実施する | ⇒ | Check チェック・シートなどにより，指導内容，方法等の妥当性，有効性を評価する | ⇒ | Action 評価に基づいて，次期の計画の改善・充実を図る |

　学校がキャリア教育を改善・充実するためには，このような学校評価が不可欠であることは改めて断るまでもないが，今一つの評価，生徒の学習や活動の成果についての評価もまた不可欠である。

　本節の1の(3)で述べたように，国の答申や報告書に基づけば，キャリア教育は，児童生徒一人一人がキャリア発達課題を達成することを支援する教育活動であり，児童生徒が，将来，社会人・職業人として自立するために必要な能力や態度を育成することを目指している。この，いわば国としてのキャリア教育の定義，目標に照らせば，キャリア教育の評価は，児童生徒が，将来，社会人・職業人として自立するために必要な能力や態度をどれほど培い，どの程度キャリア発達を遂げることができたのかを評価しなければならないのである。それは，各学校が，自校のキャリア教育の目標に照らして，児童生徒がどのような能力・態度をどれほど培い，どの程度キャリア発達を遂げることができたのかを評価しなければならないということでもある。

このようなキャリア教育の評価の方法としては，教科（・科目）の学習の評価と同様に，キャリア教育の計画に盛られている個々の学習・活動あるいはそれぞれの授業について，それらの目標に基づいた評価の観点を設けて評価すること，児童生徒の成果物から評価すること，教師の観察によって児童生徒の学習・活動の取組の過程を評価することなどが考えられる。

　また，そのような評価を通じて何を評価するのかという評価内容としては，児童生徒のキャリア発達にかかわる能力・態度ということであるが，それは，より具体的には，「学習プログラムの枠組み・例」で，4（8）能力別，発達段階別に示されている諸能力・態度であり，また，各学校がキャリア教育の計画の立案にあたって作成する「自校の学習プログラムの枠組み」（本節1(2)参照）に示されている諸能力・態度であろう。無論，学習・活動あるいは授業の目標と育成する能力・態度とは，指導案などでどう表現するかにもよるが，本来，密接不可分であるから，学習・活動あるいは授業の目標が育成する能力・態度として示されることも少なくないであろう。

　以上のような方法，内容で行われたキャリア教育にかかわる学習・活動あるいは授業での評価は，一人一人の児童生徒のキャリアにかかわる成長，発達の評価として，学期や学年ごとに集約し，記録して，児童生徒のその後の指導に生かされなければならない。このことに関しては，今後の研究，実践上の課題といえるのであるが，集約し，記録するにあたっては，それらが煩雑となり，教師の過重な負担になることがないようにしなければならないであろう。そのために，児童生徒のキャリアにかかわる成長，発達の記録を，最終的には，生徒指導要録の「指導上参考となる諸事項」に記入すること，そのことを前提として簡潔な文章表現とすることを提案したい。また，簡潔な文章表現で記録するために，上述の日常の学習・活動あるいは授業の評価については，その観点や内容を精選するとともに，評価の記録も観点・内容別のチェック・シートとするなど，簡潔に行えるよう工夫することが必要であろう。

【鹿嶋　研之助】

第5章　キャリア教育推進の条件

　キャリア教育は，各学校が独自の展開を創造していくことによってその目標が達成される。そこで，本書の最終章である第5章では，各学校の教職員が一丸となって自信を持ってそれぞれのキャリア教育を推進していけるように，キャリア教育の推進にあたって共通的に必要となる条件，すなわち，キャリア教育推進の前提条件，推進の手順，学校内の協力体制作り，保護者・地域との連携強化等を紹介する。

第1節　キャリア教育取り組みの前提条件

1　管理職の役割

　「キャリア教育」は，すべての教育活動と同様に，学校という場を舞台とし，その舞台の上ですべての児童生徒と教職員が一体となってそれぞれの役割を果たすことによって進められるものである。キャリア教育の目的は，特定の活動やプログラムを遂行するだけではなく，教育全体を改革する理念であり，従来の教育課程の在り方を見なおし，改善を図ることである。したがって，学校という舞台の上で，前もって準備されたシナリオ（教科学習の内容や特別活動等）を効果をあげるためにきめられたとおりに実演することではない。その点で具体的な教科指導や生徒指導とは異なるといっても過言ではない。むしろ，学校という舞台上で，従来から実施してきたシナリオを材料としながら，新たな取り組みを創造していく行為であると言い換えることが可能ではないかと思われる。創造とは，新たなものを生み出すことである。キャリア教育を新たな作品の創造と言い換えることができるとすると，それは決して安易なことではない

ことは確かである。

　キャリア教育は，本書の全編をとおして繰り返し指摘してきたように，すべての児童生徒を対象としており，全教師の正しい理解と実践力によって繰り広げられる教育改革である。つまり，キャリア教育を，新たな作品を創造していく過程にたとえると，参加者すべてが，新たな作品作りの目的，意義，目標等について正しい理解をし，それぞれの役割を果たすことで推進される過程であると言い換えることができる。

　キャリア教育の実践そしてその推進には，総括監督する校長，及び管理運営の役割を果たす人々，教頭，各種主任等の管理的立場にある教員の積極的な取り組み姿勢が鍵となることを指摘しておきたい。

(1) キャリア教育についての正しい理解

　管理職に求められる条件の第一は，キャリア教育について，「正しい理解」をすることである。

　平成17（2005）年度より，文部科学省の主導で，全国に「キャリア教育推進のための研究指定地域」が選定され，キャリア教育の実践が本格化した。研究指定地域とは，従来の研究指定校のようにひとつの学校を選定して研究推進するのではない。同一地区内の小学校，中学校，高等学校が少なくとも1校ずつ加わり，連携して研究することを条件としたという意味で「研究指定地域」となった。このような研究の方針はキャリア教育の意義を明確に表していて意味深いものであった。しかし，研究地域に指定されたことは多くの学校にとって，必ずしもよろこばしいことではなかった。その主な理由は，地域内の小学校，中学校，高等学校が公に連携するということ自体，経験したことがないという地域が多かったということであるが，なによりも，もっとも根本的な問題は，キャリア教育についての理解が浸透していなかったことにあるといえよう。

　その後キャリア教育推進は地方自治体でも始まり，政府の『若者自立・挑戦プラン』の一環として，文部科学省だけでなく経済産業省や厚生労働省も，学校におけるキャリア教育に関心を寄せるようになり，学校の外部から，積極的な推進の波が押し寄せてきて現在にいたっている。このような外部からの波を

受けて，学校内では，キャリア教育についていろいろな反応が起きている。たとえば，当初は「今でも多忙すぎて，本来の教科学習が十分に行えない。これ以上新しいことはできない」という教師たちの悲痛な叫びであった。最近では，「教員にはできないので，外部の協力機関とか，専門家に任せよう。幸い最近では，教師に代わってキャリア教育をおこなってくれる団体が増えているから」とか，「とりあえず，成功事例，キャリア教育で有名になった他校の例をまねることで，自分の学校のキャリア教育としよう」等々が代表的な反応と言えよう。

(2)　「実践するのは全教員である」という認識

　もちろん独自の展開ができるようになった学校，地域も少なくない。混乱をのり超えて，独自の成果を上げている学校には共通した特徴がある。それは，管理職がキャリア教育について理解することに努力し，その意義を納得したうえで，全教職員の理解を促進させることに多大な努力を払っていたということである。

　管理職が率先して，自ら，キャリア教育の意義について理解する努力をしたこと，そして，実践する前に，全教職員の理解を促進することにかなりの時間を費やしたこと，その結果，全教員が積極的に参加し，どの学校にもない独自な取組内容を創造したということを指摘しておきたい。ある学校の管理職の決意は示唆に富む象徴的なものであった。すなわち，「キャリア教育を実践・推進するのは私ではなく，全教職員一人一人です。私の仕事は，全教職員が理解し，納得できるように，協力しあえるように陰になり日向になり，支援することと，外部に向かって，地域や保護者の協力を仰ぎ，教員の研修のために，予算とよい講師を探すことです。要は児童生徒のためにならなければ意味がないですから」と。

　管理職の理解は前提条件であるが，それだけでは不十分であると思われる。管理職がまず教員たちに胸襟を開いて，教員たちの疑問や不満，不安を聞き，それらに応えたこと，そして，1人ひとりの教員がキャリア教育を正確に理解し，児童生徒の現状や教育活動の効果について話し合い，教員たちが協力して現状打破のために主体的に取り組もうという意識が醸成されるように忍耐強く，

教員たちと向かい合う態度をとり続けたことが共通していたといえよう。

(3) 全教職員協働の「精神」を促進

キャリア教育は、それぞれの学校での全教育活動、教科課程の見直しから始まるので、全教員の協力は不可欠である。全教職員が安心してキャリア教育に取り組むためには、キャリア教育についての正しい理解が前提となる。また、各学校独自のキャリア教育を創造していくためにも、全教員の積極的関与は重要である。

キャリア教育の導入が成功したが、継続的な推進が困難となった学校の事例をみると、キャリア教育に関心のある特定の教師だけが全責任を持って主導してしまい、他の教員は実質的に関与していない場合が多い。管理職は、キャリア教育の責任者だけでなく、全教職員がキャリア教育の研修を受講できるように配慮する責任がある。キャリア教育についての理解が深まることは、従来の教育活動を妨げることではなく、むしろ教育活動の効果を高め、より創造的に教職にとりくめるので、教員として働きがいを感じられる様になるはずである。

(4) 全学的組織作りの実現

管理職は、キャリア教育推進の長として、学校内の全公務分掌からなる体制を組織化するとともに、他の学校種との連携、地域との連携協力が促進されるように、自分の学校の代表者として、学校外の組織との関係作りの役割を果たす必要がある。

2　全教職員の資質と専門性の向上

キャリア教育の推進は、各学校の教師集団の資質と専門性にかかっていると言っても過言ではない。とはいっても、キャリア教育の推進「過程」であって、目標に向かって、継続的に改善されていくものである。なぜなら対象となる児童生徒も変化し、教師集団も変化し、さらに児童生徒の生きる環境、自立して生きる将来の社会も変化し多様化していくからである。

前章ではキャリア教育実践上の鍵として、教員に求められる基本的な姿勢について述べたが、ここでは、キャリア教育を推進する過程において、常に必要

となる基礎的能力，知識を紹介しておきたい。

(1) 「キャリア教育」についての理解の深化

キャリア教育の推進には，教師一人ひとりがキャリア教育について納得し，さらに保護者や地域の人々にも説明できるように，正確に理解しておくことが不可欠の第一の条件である。そのためには，改めて自分の言葉で，表 5.1 に例示した問いに答えてみていただきたい。

解答の鍵は本書の中にあるが，まずは，読者自身で，解答してみていただきたい。できれば，他の大人に説明するように，書いてみていただきたい。そのうえで，本書を繙いて，さらに理解を深めてみていただきたい。

望ましくは，同僚の教師たちと，解答を披露しあい，キャリア教育に対する理解を相互に深めあっていくこともキャリア教育推進の土台作りには効果的である。

また，キャリア教育についての理解は，実践する前よりは，実践していく過程で深まるものである。キャリア教育を推進していく過程で，教師は児童生徒との相互作用を通して，予期せぬ児童生徒の反応，期待どおりの反応等を体験するし，自分自身も新たな体験に遭遇できる。このような体験をとおして，キャリア教育の価値や意義が納得できるようなるはずである。また，キャリア教育を評価する過程で，自分のキャリア教育に対する理解を振りかえることで，キャリア教育の価値が納得でき，あらたに理解を深めることができる。

表 5.1 キャリア教育についての理解を確認しよう

ア．「キャリア教育」についてどのように説明するか。
イ．いま，なぜ，キャリア教育が児童生徒にとって意味があるのか。
ウ．キャリア教育は何を目ざしているのか。
エ．学校教育との関係はどのように説明できるか。
　特に，自分の所属する学校（小学校，中学校，あるいは高等学校）においては，どのように関係づけられるか
オ．キャリア教育をどのように実践しようと思うか。
---

(2) 基礎的能力としてのコミュニケーション能力

　キャリア教育の意義のなかで,「一人一人の児童生徒のキャリア発達と個としての自立を促す視点をもつ」が条件として指摘されていることを思い起こしていただきたい。キャリア教育を推進するためには,教師一人ひとりがこの視点に立って,教育活動を実践できなければならない。そのためには,児童生徒一人ひとりを個として尊重する姿勢を実践する能力として,児童生徒との対話力,言い換えれば,コミュニケーション能力を向上させることが重要である。実は,コミュニケーション力は児童生徒とだけ必要なのではない。キャリア教育を支援する大人,すなわち,学校の管理職,同僚の教師,保護者,地域社会の人々との間でも必要となる力である。

　教師は,児童生徒についていろいろな前知識や情報を持っている。それは教育指導上,意味のあるものである。しかし,そのような前知識や情報にとらわれてしまい,目の前にいる児童生徒が「いま,教師に伝えようとしていること」に耳を傾けられなくなることにもなりかねない。そのために,結果として,コミュニケーションが進まず,最悪の場合は,児童生徒との関係が悪くなることもおこり,その後のコミュニケーションは全く取れなくなってしまうことさえある。

　他方,教師には教えなければならない知識や,提供しなければならない情報がある。そのために,児童生徒がそれらを受け入れる準備が整っているかどうかに関心を払うよりも,教え,伝えることを重視してしまいやすい。また,児童生徒について事前の情報や前知識があると,教師は「その子のことは分かっている」という思い込みを強めてしまい,児童生徒の「今の状態」を見ることができなくなる。その結果,児童生徒は教師に対して「思いこみや先入観で自分を見ている」という不信感を強め,教師の話に耳を傾けなくなるため,教えたいことはほとんど耳に入らず,時として「先生から叱られた」とか,「馬鹿にされた」という逆の印象をもってしまうことになりがちである。逆に,児童生徒の現状を理解し,かつ,教師自身が児童生徒のことを考えているという自分自身の行動の意図を伝えることは,手間がかかるようであるが,実は,児童生徒

に伝えるべきこと，教えるべきことが正確に伝わるために効果的な方法である。

　言い換えれば，教育は人間関係を土台とした活動であることを考えると，児童生徒から信頼される関係を築くことは教育的役割を果たすための基盤作りともいえるのである。よい関係を築くためにコミュニケーションは不可欠である。教師が児童生徒とのコミュニケーションを重視すればするほど，児童生徒との関係は相互に信頼感を持ったものとなるので，教育的機能は効果的に進められるはずである。

　キャリア教育は一人ひとりのキャリア発達を促すことを目標としている。そして児童一人ひとりはみな異なる個性を持つ存在である。たとえば，同一企業で体験学習をした生徒たちがみな同じ体験をするわけではないし，教師の設定した目標どおりの学習をしてくるわけではない。体験学習とは生徒が自分自身の体験と向かい合い，自分なりの学びに気づくことが許されるところに固有の価値がある。将来設計も一人ひとりに固有のものである。表現上は同じように見える進路であっても，その進路を考えるに至る過程は一人ひとり異なる。そのいみで，教師は児童生徒一人ひとりの進路設計の過程や将来に対する思いを大切にしなければならない。

　特に，キャリア教育推進の前提条件として，教師のコミュニケーション能力の向上は非常に重要である。なぜなら，まず第1に，児童生徒が，安心して自分の体験を語り，他者と異なる考えや思いを積極的に表現できる関係を築くためである。そうすることで，自分と向かい合っていく力が育てられるからである。第2は，児童生徒が，習得しなければならないこと，学習しなければならないことを，一人ひとりの児童生徒の能力，知識として根づかせるためである。第3には，児童生徒が現実社会と対峙できるようにするためである。キャリア形成の過程は，日々の現実と向かい合い，自己を乗り越えていく体験でもあるので，決して容易な課題ではない。その意味で，キャリア発達は，当然のこととして，悩みや苦しみ，挫折感を経験する可能性があるということができるかもしれない。このような困難な課題を乗り越えて次に進むためには，教師がよい相談相手となることが求められる。キャリア教育の推進には，教師にキャリ

アカウンセリングの能力を向上させることが求められる（「報告書」(1)）というのはこのためである。よい相談相手になるためには，児童生徒から信頼される関係をきずく必要がある。信頼される関係とは，児童生徒が「先生は自分のことをわかってくれる」「この先生なら，悩みや，不安，ぶつかっている問題を話しても大丈夫，誤解されない，自分にとって意味のある指針を示してくれる」等々と感じられることである。上述したように，そのような関係をきずくためにも，教師のコミュニケーション能力が不可欠である。

因みに，コミュニケーション能力とは，話し方とか，会話術，接遇法を意味しない。2人の間で伝えるべき情報を誤解なく伝えあうのに役だつ能力のことである。コミュニケーションは，次のように定義される。すなわち，「ある人が，何らかの目的なり意図なりを果たすために，それに関連する内面のさまざまな心の動きの一部を選択し，何らかの手段を通じて表現し，それを他の人と共有しようとする過程のことで，その結果その関係者の間に何らか関係の変化が生じること」（渡辺・渡辺，2000，p.41）。ここでいう「何らかの手段」には言葉や絵や音，表情等いろいろなものが含まれる。しかし，教師に求められるコミュニケーション能力という場合，主として言葉を手段とした言語的コミュニケーション能力を指す。

(3)「キャリア発達理論」についての理解

教師集団がキャリア教育の理論的背景である「キャリア発達理論」について専門的な知識を獲得することも，キャリア教育の推進のための堅固な土台を作るために必要である。キャリア発達理論とその考え方については，本書の第2章を参照していただくことで十分であろう。ここでは，留意していただきたい点だけにとどめる。それは，教師がキャリア発達理論についての知識を深める意味である。キャリア発達理論は複数存在するし，いまでも研究がすすめられているので，これからも新たな理論が生まれたり，既存の理論が改訂されることがあっても不思議ではない。専門性の向上としてキャリア発達理論についての知識を深めるということは，キャリア発達的な視点を習得することである。

すなわち，「人は誕生から乳幼児期，青年期，成人期，そして老齢期を通して，

その時期にふさわしい適応能力，つまり環境に効果的あるいは有能に相互交渉する能力や態度を形成する。その中で，社会との相互関係を保ちつつ自分らしい生き方を展望し，実現していく過程がキャリア発達である。社会との相互関係を保つとは，言い換えれば，社会における自己の立場に応じて役割を果たすということである。人は生涯の中で，様々な役割をすべて同じように果たすのではなく，その時々の自分にとっての重要性や意味に応じて果たしていこうとする。それが『自分らしい生き方』である。また，社会における自己の立場に応じた役割を果たすことをとおして『自分と働くこと』との関係づけや価値観（キャリア）が形成される」（「手引」[2], p.6），という視点で，小学校・中学校・高等学校のそれぞれの段階において身につけることが期待される能力・態度をどのように培ったらよいかを考えるということである。

(4) 社会の仕組みや経済社会の仕組みについての現実的理解

第1章で詳しく紹介された，「キャリア教育の導入の背景」を思い起こすと，この条件の重要性を認識していただけるであろう。児童生徒の育った社会環境の特徴および，これから生きていく社会の変化に関する見通しがキャリア教育を促進させる原動力となっているのである。もう一つの背景は，学校教育と社会のかい離状態に対する批判である。

したがって，キャリア教育の推進に当たっては，社会の仕組みや経済的環境と社会構造の動向について関心を持ち，基本的理解を深めることが求められる。社会や経済動向，職業界等についての理解を深めることは，社会の求める人間像を教育の目標にするためではない。社会の動向を理解することによって，学習の基礎・基本の重要性を認識し，学校教育の持つ真の役割を確信できるからである。

また，「『社会の仕組みや経済社会の構造』」についての基本的理解とは，今日の経済社会が社会的な分業によって成り立っており，人は職に就き，働くことを通して，その一端を担っていること，また，そのような社会的な分業のもとで，相互に支えあっていること」（「手引」[3], p.18）を認識することが職業観・勤労観の育成，及び社会性の育成の意義が理解でき，自信を持ってキャリア教育を推進できるのである。

(5) **教育活動と関連付ける能力**

　教師の専門性の向上とは，キャリア発達的な視点に立って，教育活動全体を見直して関連付ける能力，横断的なカリキュラム開発の能力を向上させること，そして，必要と認められた場合にはあらたなプログラムを開発する能力とプログラム開発の知識を深めることを含む。そのためには，児童生徒の実情，発達課題の達成状況，各学校の置かれている環境要因などを客観的に分析し，そのうえで，児童生徒の発達状況に即して，発達させるべき能力や態度を意図的，継続的に育成していくための独創的な計画を構築し，実施していく能力を発展させることである（「手引」(4), p.20）。総合的学習の意義として今までも提唱されてきた「クロスカリキュラム」，つまり，教科をクロスする授業の意義（野上，1996）は，キャリア教育にも通じるものである。したがって教師たちがクロスカリキュラムを実践する能力を向上させることは，キャリア教育の推進にも大いに役に立つものである。

第2節　キャリア教育推進の手順

　すでに指摘したようにキャリア教育は一時のイベントではなく，「一連の過程」である。過程とは，「ウェブスター英語辞典によると『完成をめざして一時点から次時点へと発展的に前進する活動，あるいは，特定の目標や成果を目ざして体系的に方向付けられた，一連のコントロールされた活動や動きからなる継続的で漸進的な動き，または活動や経験が継続すること』である」（渡辺，2002, p.122）。

　この定義を当てはめると，キャリア教育が，目標に向かって前進，発展しているいくつかの活動の継続からなるといわれる意味が理解しやすいであろう。児童生徒が実際にかかわる一つひとつの活動自体は，最終的な目標にいたるための小単位の目標を目指して発展的に組み立てられている。さらに，ひとつの学校に在学している期間全体を視野に入れて，継続的に構成されている（発達段階）ことが望ましい。キャリア教育は，さらに，最終的目標（社会的自立，職

業的自立）をめざして，在学している学校から次の段階の学校あるいは一般社会への接続を視野に入れて継続的・発展的に計画・実践される取組みなのである。

そこで，キャリア教育の推進のための第2番目の前提条件は，「キャリア教育を『過程』として組み立てる」ことである。表5.2に示した8段階からなる「学校におけるキャリア教育推進の手順例」は各学校でキャリア教育を推進するときの参考になるであろう。

また，他の学校での取り組みを参考にする場合にもこの手順は役に立つ。

キャリア教育の推進は，各学校で，「キャリア教育の視点に立って，育てたい児童生徒像」を公言することから始まる。育てたい児童生徒像は，それぞれの学校の「建学の精神」や「本校の教育目標」などとして公になっているものそのものかもしれないし，あるいは，その具体化したものかもしれない。いずれにしても，各学校の独自の建学の精神について教師間で認識を新たにし，さ

表5.2　学校におけるキャリア教育推進の手順例[5]

(1) キャリア教育の視点を踏まえ，育てたい児童生徒像を明確にする。
(2) 学校教育目標，教育方針等にキャリア教育を位置付ける。
(3) 組織として，キャリア教育推進委員会（仮称）を設置する。
　　校内組織，異校種間連携組織，地域の組織との連携
(4) 教職員のキャリア教育についての共通理解を図る（校内研修）
　①社会の動向，学校と社会との接続
　②4つの能力にかかわる学習プログラムの枠組み（例）
　③キャリア・カウンセリングの必要性
(5) キャリア教育の視点で教育課程を見直し，改善する
　①学校の特色，課題の明確化
　②児童生徒の発達段階を踏まえたキャリア教育の理解
　③自校の学習プログラム及び取組内容の重点の設定
　④学校間及び校種間の関連
　⑤全体的な指導計画，年間指導計画，年間行事計画等への反映
(6) キャリア教育を実践する
(7) 家庭，地域に対しキャリア教育に関する啓発を図る
　　授業公開，学校だよりの発行等
(8) キャリア教育の評価を行い，その改善を図る

らに児童生徒の現状と，キャリア教育の視点の確認に基づいて，教師たちが目指したいことを忌憚なく話し合っていく過程を通して，最終的に，全教員が納得する「全校として，育てたい児童生徒像」を作り上げていただきたい。そのうえで，それを児童生徒や保護者，地域でも理解してもらえる具体的で平易な言葉で表現されることが望ましい。育てたい児童生徒像はその学校のキャリア教育の目標となる。続いて，教師集団は，実践者の立場に立って，その児童生徒像を学年別，教科学習別に具体的な教育活動の中でどのように実践するかについて話し合い，実践する過程に入るのである。

　手順の中で，開始時と同じくらいに重要なのは実践後である。実践した後必ず結果と成果を評価することである。成果の評価とは単に「児童生徒の満足度」を漠然と調べることを意味しない。実践に先だって合意して立てた具体的目標がどの程度達成されたかを確認し，目指した目標は具体的にどの程度達成されたかを明らかにすることである。また達成されなかったこと，その原因についても明らかにすることが必要である。

　また評価は，児童生徒だけを対象とするのでなく，キャリア教育にかかわったすべての人，例えば，教師，保護者，地域の人々も対象となる。なぜなら，評価をする目的は，実践したことを，その目標と照し合わせて，具体的に把握し，どの程度目標が達成されたかを客観的に認識すると共に，次の段階の取り組みに進むための土台となる情報を得ることであり，キャリア教育の発展をうながすことだからである。

第3節　学校内の協働体制

　第1節に述べたように，キャリア教育を実践するのは全教員である。これまで，例えば進路指導においては，進路指導主事や3年の担任団の役割が大きくなりがちであったが，「あるゆる教育がキャリア教育である」（第2章3節参照）とする立場からは，児童生徒の前に立つ教員ひとりひとりが当事者意識をもたなければならない。本節では，そのようなあり方でキャリア教育に取り組むた

めの，学校内の協同体制について解説する。

1　管理職の役割

　校長を始めとして管理職がまず率先しなければならないことは第1節で述べた通りである。キャリア教育は学校教育のあらゆる活動に及ぶだけでなく，家庭や地域，諸機関との連携も重要になってくることから，管理職がそのことをわきまえて，方針の立案や人員の配置，予算の措置，研修のための時間の確保，連携の依頼などに関わらなくてはならない。よもや校長からして「また煩雑な仕事が増えた」などと尻込みしていてはいけない。

　キャリア教育は，児童生徒に生きる力を育み，学校や学習が楽しいと感じさせ，大人になることに対して目を啓かせる効果をもつものであるから，教科指導や生徒指導の面においても打開策となり得るものである。したがって子どものためになるだけでなく，教師にとっても，例えばマンネリ化した生活指導に風穴を開ける契機となるであろうし，また結果として学校の評判も高めるものとなる。文部科学省の『キャリア教育推進の手引き』にも，「キャリア教育を学校経営計画の中心に据える」ことが提案されている（p.16）。

2　推進委員会の設置とその役割

　学校ごとでキャリア教育の目標や方針などが大まかに立案できたら，組織として「キャリア教育推進委員会」を立ち上げる。これは，校長のリーダーシップのもと，学校全体でキャリア教育についての共通理解を図り，各分掌等の役割を明確にして取り組んでいくためのものである。

　三村（2004）は，静岡県沼津市立原東小学校でのキャリア教育導入に携わった経験を踏まえて，準備段階の委員会として「キャリア教育検討委員会」の設置を勧めており，「キャリア教育推進委員会」は実施段階の委員会と位置づけている。前者の主な業務としては次のものが挙げられている。

・キャリア教育の理念や目標を確認すること
・学校教育目標とキャリア教育の位置づけおよび教育課程上の位置づけを検

討すること
・全体計画，年間指導計画を検討，確認すること
・研修会を企画運営すること
・評価や改善の方法を検討すること
また後者の業務としては次のものが挙げられている。
・キャリア教育の全体計画，年間指導計画等の原案作成など，キャリア教育の全体に関わる検討や確認をすること
・キャリア教育授業部，キャリア教育情報部，キャリア教育研修部等の下位組織を作り，全職員を所属させ，役割を分担すること
・キャリア教育の評価をもとに次年度に向けての改善を行うこと

　この両者の委員会を「推進委員会」ひとつで行う場合もあるであろうし，管理職が一部分を予め行っておく場合もあるであろうが，これだけのことが下位の組織や各教員に話を下ろす前に必要になることに留意しておく必要がある。
　推進委員会は，管理職を中心として，各部・各学年の代表者によって組織することで，それぞれの部・学年に話を通しやすくなるであろう。推進委員会からの依頼によって，例えば教務部においては教育課程の編成や学習指導計画，学校行事の計画立案を行い，総務部では外部との連絡調整やPTA等との連携，広報活動の充実，進路指導部では進路ガイダンスの計画立案や進路学習の指導計画の作成，各学年においては特別活動の運営や指導，ガイダンスやカウンセリングといったように，各セクションに指示が出る形となる。

3　教員の資質・能力の向上を目的とした研修

　キャリア教育は，すべての教育活動に関わらせることができるものであるが，それだけにわかりにくいものにもなる。また教科の学習がおろそかになるのではないか，との不安や不満が出ることは，第2章でも見たアメリカのキャリア教育の歴史からも見てとれる。それだけに，導入の時点にはもちろん，折に触れて研修を重ねていくことが求められる。日本ではキャリア教育がまだ始まったばかりと言っても過言ではなく，それゆえに今後まだまだ新たに学ばなけれ

ばならないことが生まれるであろう。さらには現代は変化が激しい時代と言われ，児童生徒をとりまく社会情勢や就職環境も変わりやすい。その意味でも，継続的な研鑽が求められる。

　また進路指導で批判されていたように，「進路・職業は卒業してからのことであり，よけいな仕事だ」などと軽視する教員がいては，全校が一丸となって取り組むことの障害となる。キャリア教育は（進路指導でも理念上は同じなのだが）生徒の「生きる力」を醸成し，日々の活動や生活を上首尾にはこぶためのものであり，決して「卒業してからのこと」ではない。あまりにこだわりすぎて教員集団がキャリア教育に振り回されてしまってはいけないが，それだけに自校の実情や特殊性に応じたあり方を検討しながら，学んでいくことが求められる。表5.3には，文部科学省（2006）が挙げた「研修で取り上げる項目例」を示した。

　研修は校内研修と校外研修，集団研修と個人研修に分けられる。ここでは紙面の都合から，必要性が高く意義が大きい集団研修に着目して，校内研修と校外研修それぞれについて述べる。まず校内研修については，進路指導を想定してであるが，塩屋（1997）はその特質について次のようにまとめている。すな

表5.3　キャリア教育の研修で取り上げる項目例

1）キャリア教育についての理解の深化
　a.）キャリア教育の求められる背景の理解
　b.）キャリア教育についての理解
　c.）キャリア教育を通じて育成すべき能力・態度と「学習プログラムの枠組み」についての理解
　d.）小・中・高を通じたキャリア教育推進のための相互理解の深化
2）キャリア教育の推進に必要な知識と基本的な能力の習得
　a.）社会動向，経済状況についての理解
　b.）児童生徒の心理的・社会的な発達，キャリア発達について理解すると同時に，児童生徒理解の意味や方法について学ぶ
　c.）自校の教育課程をキャリア教育の視点から見直し学習プログラムを作成する能力の習得
　d.）キャリア教育の中心に据えられる体験活動の意義と生かし方，さらに家庭・地域との連携の進め方についての理解
　e.）キャリア教育の推進に欠かせないキャリア・カウンセリングの基本的能力の習得

わち，①自校の教育課題を直接解明・解決できること，②日常の教育実践を通じて行われ，成果が直接児童生徒に還元できること，③組織体としての研修であるため，研修を通してメンバー（教職員）間の相互理解と協力・協同関係を促進できること，校内であるため，研修に関する時間的・空間的条件が比較的

表5.4　校内研修を5回の計画で行う際の例

回	研修テーマ	目的	内容例および留意点
第1回	キャリア教育の意義	・キャリア教育の意義を理解する。 ・「社会の仕組みや経済社会の構造」についての理解を深める。 ・キャリア教育推進に不可欠な教員全体の意識を高める。	・指導者養成研修を受講した講師を招きキャリア教育が求められる背景（社会の仕組みや経済社会の構造なども含む）やその基本的な理念について学ぶ。 ・グループに分かれて，キャリア教育についてのそれぞれが持つイメージを話し合う活動等も有効である。
第2回	キャリア教育の目標の設定	・自校の児童生徒のキャリア発達上の課題や育成すべき能力・態度を明らかにし，キャリア教育目標を設定して育成したい生徒像を明らかにする。	・「学習プログラムの枠組み（例）」を用い，学校独自のキャリア教育目標を検討し，育成したい生徒像を明確にする。 ・育成すべき能力・態度と各教科や特別活動等との関連を考え，年間指導計画を作る。
第3回	小・中・高を通したキャリア教育	・小・中・高を通じたキャリア教育の必要性を理解する。 ・相互のキャリア教育の内容の理解と連携の基礎を築く。	・地域の小学校，中学校，高等学校のキャリア教育推進担当教員間での情報交換会を行う。 ・将来的に，小・中・高で一貫した流れを持ったキャリア教育の実践をめざす機会とする。
第4回	家庭・地域との効果的な連携	・家庭や地域との連携の重要性を理解する。 ・家庭や地域のキャリア教育に対する理解を促進する。 ・各学校の特性を生かした効果的な連携の進め方について考える。	・講師（企業人やキャリア教育関係者）を招き，教員，保護者，地域の人々を対象に講演を実施する。 ・保護者や地域の人々に協力を依頼できる活動内容や協力を仰ぐ方法と同様に，キャリア教育の趣旨を適確に伝える方法について話し合う。 ・日頃からの保護者との関係作りが重要であるという認識に立ち，保護者会の効果的な進め方などについても考える。
第5回	キャリア・カウンセリング	・基本的なカウンセリング能力が全教員に必要であることを理解し，その実際を学ぶ。	・講師を招き，講義と演習を行う。 ・ビデオ視聴やその逐語録を見ることで，生徒の話を聴く際の望ましい態度や応答のあり方について理解を深める。

出所：文部科学省（2006）より

整備しやすいこと，である。ところで，キャリア教育のように新奇な教育課題について研修を行うときには，外部から講師を招聘したり，校外研修を受けてきた教員を講師とするなど，積極的に正確・最新の知識を取り入れるようにしたい。また，先にも示した静岡県沼津市立原東小学校（沼津市原東小学校・三村，2005）など，実践報告がなされている書籍（他にも山崎（2006）や京都教育大学附属京都小学校中学校（2006），渡辺・神戸大学附属明石中学校（2009）など）を元にした学習会という形でもよいであろう。さらには，校種間で連携して行う研修も意味がある。それは，キャリア教育は学校段階間のスムーズな接続も目指すところのひとつであり，また第2章の表2.1に示した「職業観・勤労観を育む学習プログラムの枠組み（例）」（文部科学省，2004）にも見られるように，各学校段階で目標とすることには継続性・系統性があるからである。いずれにしても，まず校長がそのための機会や時間，予算を確保して，全員が受けられるように取りはからわなければならない。問題意識の高い教員だけが受けるような形になってしまっては，校内で研修を行う意味が半減してしまう。またキャリア教育は新奇なテーマなので1回きりの研修ではなく，年間を通して複数回を設定することが望ましい。表5.4には，文部科学省（2006）に挙げられている年5回で実施する例を挙げたので，参考にしてもらいたい。

　他方，校外研修は分掌や経験年数に応じて，教育センターや大学・大学院等の専門機関，文部科学省や自治体の教育委員会主催のものなどがあるが，いずれも専門性の高い研鑽が期待できる。また先行実践校を含めて他校の教員との情報交換ができるメリットも期待できる。こうした校外研修の場合には，先にも述べたように参加した教員が自校の教員に情報提供を行い，得られた知識や情報を広めていく関わりが大切である。

4　さまざまな既存の教育活動への位置づけ

　キャリア教育は，あらゆる教育活動をとらえて行うことができるものであり，またそうでなければならない。何よりもその意味で，学校内での協同・連携をとる必要がある。管理職や推進委員会によって自校の現状や特殊性，特色に合

わせた目標設定ができたならば，次にはすべての教員が自分の担当する教科や，その年度に行う特別活動ではどのようにしてその目標の実現に寄与できるかを考えていくことが求められる。

　教科学習のなかでは，教材内容として現実の社会・産業・経済・労働に関わるものを取り入れていくやり方（例えば国語では文章教材，歴史では現代の社会との比較など）も考えられるが，教科書や副読本が決まっている場合にはなかなか難しいこともあるであろう。しかし，第2章の表2.1に示した「職業観・勤労観を育む学習プログラムの枠組み（例）」（文部科学省，2004）をもう一度見てほしい。ここに挙げられたことがらは，必ずしも職業や産業，経済そのものではなく，子どもが学校を始めとした社会でやっていくために必要な能力が挙げられており，またプログラム（例）として挙げられた活動や目標も，あらゆる教育活動のなかで育むことができることがらが掲げられている。したがって，「内容」の点で職業や産業，経済を扱うことだけがキャリア教育ではない。例えばグループ討議をさせることで「コミュニケーション能力」を養うとか，調べ学習をさせることで「情報収集・探索能力」を育むといったように，学習の諸活動をキャリア教育として「機能」させることができる（前項に示した実践報告がなされている書籍には参考となる実践が掲載されている）。第2章第3節で紹介したように，「キャリア教育は内容論ではなく機能論」という考え方を思い出してほしい。

　特別活動についても同様であり，あらゆる機会をとらえて「職業観・勤労観を育む学習プログラムの枠組み（例）」で示されている「人間関係形成能力」「情報活用能力」「将来設計能力」「意思決定能力」の四つの領域の能力を養うことができる。そもそもこれらは，中・高等学校学習指導要領の学級活動・ホームルーム活動の内容(3)で示されている「進路適性の吟味（理解）と進路情報の活用」「望ましい職業観・勤労観の形成」「主体的な進路の選択（決定）と将来設計」の三つの項目及び学校行事の「勤労生産・奉仕的行事」の内容と，言葉の上で，多くが共通している。また，「四つの領域の能力」として育成すべき「能力・態度」には，これまで中・高等学校が学級活動・ホームルーム活動におけ

る進路学習や「勤労生産・奉仕的行事」での体験活動で育成してきた「能力・態度」が多く含まれている。

道徳の授業においても，内容的にキャリア教育と深い関わりがある。例えば，「人間関係形成能力」の育成は，「道徳」の学習内容である「2．主として他の人とのかかわりに関すること」と深くかかわる。あるいは「4．主として集団や社会との関わり」にある「働くことの大切さを知り，進んでみんなのために働く」(小学校)や「勤労の尊さや意義を理解し，奉仕の精神をもって，公共の福祉と社会の発展に努める」(中学校)は，そのものが職業観・勤労観の育成に関わっている。

5　キャリア教育の評価

キャリア教育が1年間，ないし一通りのサイクルを終えた時期には，評価活

表5.5　学校におけるキャリア教育推進チェックシート

学校教育目標にキャリア教育を位置付けている
キャリア教育の全体計画を立てている
校内にキャリア教育推進委員会等を設置している
キャリア教育の校内研修を実施（計画）している
教職員全体がキャリア教育について共通理解している
小学校・中学校・高等学校でキャリア教育に関し連絡協議会を設置するなど連携を図っている
職場体験，インターンシップ等を実施している
職場体験，インターンシップ等の事前・事後指導を計画的に行っている
各教科における指導も含めて，キャリア教育を教育活動全体で行っている
学校だより，PTAだより等でキャリア教育の広報活動を行っている
社会人講師等，地域の教育力を活用している
ハローワーク等関係諸機関と連携している
単独あるいは，学校評価等でキャリア教育の評価を行っている
評価結果に基づき，指導等の改善を図っている

動が行われなければならない。評価は近年さまざまな局面で求められるために，とかく型どおりに，アリバイ的に済まされる風潮もある。教育評価全体が，評価の意味を見誤っているという現状にクロンバック（Cronbach, 1964）は40年以上も前の時代にすでに，「評価とは一つの教育計画について決定を下すための情報の収集と利用である」と新たな定義を行った。すなわち，「次（の同様の機会）にはどうすればより良い実践ができるか」を把握して生かさなければ，教育評価とは言わないという立場である。近年ではこの思想が生かされたものとして，PDCAサイクルというものが提唱されている。すなわち，Plan（計画を立てる）→ Do（実行する）→ Check（評価する）→ Action（次の改善に向けて行動を起こす），そしてまたPlanへというサイクルで評価を行うというものである。

表5.6 キャリア教育の活動における基本的な評価の観点（例）

①目標の設定について
・目標の設定は具体的で妥当であったか
・目標設定過程への各教員の参加度，理解度はどうか
・保護者などへの説明は適切であったかなど

②実践中の評価について
・児童生徒は積極的に取り組んでいるか，理解はどうか，予測した取組をしているか
・期待した変化や効果の兆しはあるか
・教員が適切な指導を行っているか
・児童生徒の感想はどうかなど

③評価の方法について
・評価のための計画は適切に立てられていたか
・評価方法やそのための資料は前もって用意されていたか，評価方法は妥当であったか
・教員，児童生徒の評価への理解は十分であったかなど

④「児童生徒の変化」の評価
・プログラム実施中の児童生徒の態度の変化
・プログラムの目標の達成状況（実施過程中，および終了時）
・特に顕著な児童生徒の行動・態度，課題など

⑤評価を受けての改善について
・今までの評価を教職員，保護者等で客観的に見直し，共通理解されているか
・評価を適切に次の改善策として生かしているか
・改善策の実行プログラム（アクションプラン等）が立てられているかなど

なお冒頭では「一つのサイクルを終えた時期には」と書いたが，この思想に従えば，実施の途中段階で行う形成的評価も重要である。すなわち，前もって計画した活動が効果をあげつつあるかどうか，予測しなかった問題や課題が起きていないかどうかを点検し，必要であれば計画に修正を加えるのである。

　キャリア教育の1年目，あるいは導入して数年しか経過していない段階ではまず，キャリア教育が順調に推進されているかを評価する必要がある。これについては文部科学省（2006）が，例として表5.5に示した項目を挙げている。

　またこの他に，もちろん個別の計画を評価する観点が必要である。これについては，同じく文部科学省（2006）は表5.6に示した観点を例として挙げている。

第4節　保護者・地域との連携強化

1　なぜ連携が必要か

　キャリア教育は保護者や地域，あるいは校外の諸機関との連携なしには立ちゆかない。それはまず第1に，キャリア発達には様々な経験や人とのふれあいが総合的に関わってくるものだからである。育む四つの能力領域の中でも「人間関係形成能力」や「情報活用能力」を想起してもらうとわかりやすいが，人とふれあい，経験をすること自体がキャリア教育のプログラムとなり，各領域の能力を獲得させる機会となる。したがって，家庭や事業所などで多くの大人とふれあい，その経験をさまざまな刺激や手本にさせたい。また第2に，社会の仕組みや産業構造の変化などについて生きた知識を多く得ることが，「職業理解能力」を始めとする能力の育成やキャリア発達に関わってくる。そのためには地域や事業所，関係諸機関の協力が望ましいからである。

　また，できれば望まれるあり方として，学校段階間の連携が挙げられる。これは前節にも述べたように，学校段階間のスムーズな接続も目標のひとつであり，また各学校段階での目標に存在する継続性・系統性のゆえんである。これについては，後にまた述べる。

2　保護者との連携

　保護者との連携を推進する理由にはまず，キャリア教育に限らないことであるが，学校の方針や目標，活動内容に対して理解を得なければならないからである。進路指導においても，学校や担当教師が良しとする方針や決定した進路に生徒本人が同意・納得しても，保護者が後で反対してくることで話が振り出しに戻るといったエピソードが聞かれた。キャリア教育においても，アメリカでもそうであったように，教科の授業が二の次にならないか，学力が低下しないか，といった点で保護者の反対に遭うことが危惧される。そうならないように，キャリア教育に取り組む初期の段階から，あるいは入学希望者とその保護者向けの説明会の時点で，キャリア教育とはどのようなことで，どんな効用が期待されるか，その学校ではどのような点に重点をおいて指導することを考えているのかといった点について，保護者にも了解しておいてもらう必要がある。学校が，そのような先進的かつ生産的な教育に積極的に関わっていることを示すことで，学校の評価・評判を高めることもできるであろう。

　次に，キャリア教育の取り組みのなかで保護者に実質的な協力を求める局面があることも，連携の理由である。すなわち学校外の教育資源を保護者に求める考え方である。例えば，保護者自身の職場や職業の実情や経験談などを家庭で生徒たちに話してもらい，働くことについて考えさせることや，さまざまな保護者から学校で講話をしていただくこともある。また職場体験学習の事前，あるいは期間中などは，家庭で積極的にそのことを話題にしてもらうことで，教師が関わりにくい期間に日々の振り返りを支援してもらったり，働くこと・大人になることに対する見方を養う手助けをしてもらうことも職場体験の効果を高めることにつながる。また，職場体験の受け入れ先を探すなど，実働部隊としての役割を保護者が担ってくれるケースもある。

3　地域との連携

　保護者以外にも地域と連携するあり方はいくつもあり，また連携することでキャリア教育が豊かなものになっていく。その代表的なあり方が職場訪問や職

場体験学習に伴うものであろう。商店や工場といった個人事業主を含む私企業では，不況でモノやサービスが売れないこの時代に，しかも人員も極限まで削減しているなか，学校教育の一環とは言え，児童生徒の訪問や活動を受け入れることに消極的な場合が多い。第2章第3節で見たように，学校教育の肩代わりをさせられている，自分たちには何の利益にもならないという印象を持たれがちであることもわかる。しかし，「生徒に指導することで，若い社員にプロとしての自覚と初心を思い出させることができた。私たちにも良い刺激になった」，「中学生というと何を考えているかわからない，怖いという印象があったが，実際の姿に接したら親近感が生まれた」，「子どもたちのめざましい成長が見られて，こちらも感動した」といったように，協力した事業所からは自分たちにとっての効用や肯定的な評価が聞かれることも確かである（網，2002；堀川，2004）。何よりも，地域に受け入れてもらい，大人・職業との接点ができることは，学校のなかだけでは難しい。多様な事業所に受け入れてもらえるように，手を尽くしたい。

　他にも，障害者施設や高齢者施設，保育園・幼稚園などとの連携でふれあい体験をさせてもらうという連携も考えられる。特に現代の児童生徒は核家族化・少子化のあおりで，日常的に接する人たちの人数も多様性も大幅に制限を受けている。したがって，障害者や高齢者の方，あるいは小さな子どもたちと接することは彼らにとっては大きなハードルであるに違いない。しかしその分，事前に調べ学習や班単位で協議するなどして乗り切ることができれば，人間関係形成能力だけでなく，情報活用，将来設計，意思決定の各領域の能力をつける好機となる。

　また多くの教師にとって，教職以外の職業の世界は未知の領域であることが多い。したがって，子どもたちに体験学習以外の機会を捉えてそうした世界の情報を与えることはなかなか困難である。しかし，仮に企業で働いている人にとっても，自分の職業・職場しかわからないのがふつうであり，また様々な職業や職場の実際を知らなければキャリア教育ができないとしたら，それができる人など現実にはいないと言わざるを得ない。こうした問題を解決する次善の

策として有効なのが，ハローワークやジョブカフェ，あるいはキャリア教育を手がける NPO（非営利組織）といった機関やサービスとの連携である。そうした機関やサービスに従事する人に来学・講話していただく，あるいは高校生であれば引率・訪問して，実際の職業情報に触れたり講習会に参加するなどの機会がつくれるであろう。それによって様々な職業について，あるいは現代の経済や産業，働くことの意味や厳しさといったことを知ることができるであろう。

地域の事業所や機関と連携を取るうえで留意したいことがある。それは，学校・教師側のアプローチの仕方である。職場体験学習では，事業所からの反応として，受け入れた生徒へは概ね良い評価が得られることに対して，学校・教師側に対しては厳しい声を聞くことがある（網，2002）。それは依頼の際のマナーの悪さであり，丸投げではないかという批判である。前者については，訪問時の服装や依頼のあり方（事業主ではなく店員に告げていくだけとか，直前まで詳細を知らせてこないなど）に留意したい。後者については，どんなことを目標に指導をすればよいかわからなかった，巡回指導も型どおりといったことである。連携は，「子どもは地域で育てていく」という理念の体現であるとしても，基本的には学校側がお願いすることであり，それをわきまえた依頼のあり方や応対が不可欠であると肝に銘じておきたい。

4　学校段階間の連携

これまでも述べてきたように，キャリア教育は学校段階間のスムーズな接続も目指すところのひとつであり，また第2章の表2.1 に示した「職業観・勤労観を育む学習プログラムの枠組み（例）」（文部科学省，2004）にも見られるように，各学校段階で目標とすることには継続性・系統性がある。したがって，それぞれの学校・校種だけでキャリア教育を計画・実行しているよりは，学校段階間で連携を取ることで，キャリア教育はいっそう効果的なものになる。

このうち前者に挙げた学校段階間のスムーズな接続については，キャリア教育のプログラムとして用意しておくとよい。すなわち小学校では中学校との，中学校では小学校と高校との間で連携し，進学に際して不安を感じたり，不適

応に陥ることがないような実践を行うのである。例えば文部科学省（2006）には，小学校5年生向けに，「中学校ってどんなところ？」という特別活動の指導案とワークシートが掲載されている。そこでは，5年生が中学生にインタビューを行ったり，卒業生に手紙で質問を送ったりするなどの活動が想定されている。ワークシートでは，それらの活動を通してわかったことをまとめ，中学生になった自分の姿を想像してみる，中学校入学に向けて，小学校生活で頑張りたいことをまとめるといった作業をさせている。こうした活動は，主体となる小学生にとってためになるだけでない。尋ねられる中学生の側にも自分の成長や現在置かれた立場，あるいは今の自分に足りない部分を意識することになり，決して協力させられるだけの立場ではない。またそうならないように，中学校の教師からもはたらきかけを工夫していくとよい。

　また後者に挙げた，各学校段階での目標に継続性・系統性を与えることに関しては，まずは「職業観・勤労観を育む学習プログラムの枠組み（例）」をベースに検討し，そのうちどこに改変や工夫を加えるのかを協同で検討するとよいだろう。例えばその土地の実情や特殊性に応じて目標に与えられるウェイト，あるいはプログラムとして用意できること・できないことを明確にしておくなどである。

【渡辺　三枝子（第1, 2節）／若松　養亮（第3, 4節）】

注
(1)　「報告書」とは，平成16年文部科学省発行の『キャリア教育推進のための総合的調査研究会議報告書』のこと。
(2)　「手引」とは，平成12年文部科学省発行の『小学校・中学校・高等学校　キャリア教育推進の手引』のこと。
(3)　同上
(4)　同上

引用文献
網　麻子（2002）『トライやる・ウィーク－ひょうご発・中学生の地域体験活動』神戸新聞総合出版センター
京都教育大学附属京都小学校中学校（2006）『これならできる「キャリア教育」－小・中学

校の実践』明治図書出版
塩屋葉子 (1997)「進路指導主任の専門性」小島弘道編著『進路指導主任の職務とリーダーシップ』東洋館出版社
沼津市原東小学校・三村隆男 (2005)『キャリア教育が小学校を変える！沼津市立原東小学校の実践』実業之日本社
野上智行編著 (1996)『総合的学習への提言―教科をクロスする授業―1「クロスカリキュラム」の理論と方法』明治図書
堀川博基 (2004)『職場体験プラス a の生き方学習―進路意識と人間関係能力をみがく』実業之日本社
三村隆男 (2004)『図解　はじめる小学校キャリア教育』実業之日本社
文部科学省 (2004)『キャリア教育の推進に関する総合的調査研究協力者会議報告書―児童生徒一人一人の勤労観，職業観を育てるために―』
文部科学省 (2006)『小学校・中学校・高等学校　キャリア教育推進の手引―児童生徒一人一人の勤労観，職業観を育てるために―』
山崎保寿 (2006)『キャリア教育が高校を変える―その効果的な導入に向けて』学事出版
渡辺三枝子 (2002)『最新カウンセリング心理学』ナカニシヤ出版
渡辺三枝子・渡辺忠 (2000)『コミュニケーション読本』雇用問題研究会
Cronbach, L. J. (1964) Evaluation course improvement. In R. Heath (Ed.), *New curriculum*. Harper and Row. (渋谷憲一訳「授業改善のための評価」東洋他訳『新カリキュラム』国土社)
渡辺三枝子監修，神戸大学附属明石中学校 (2009)『教科でできるキャリア教育―明石キャリア発達支援カリキュラム」による学校づくり』図書文化社

索　引

あ

アントレプレナーシップ　72,76
　　──教育　72,76
生きる力　70,83,162
意思決定能力　29
インターンシップ　96,107
ヴォンドラセック，L.　58
NPO（非営利組織）　76,171
エリクソン，E. H.　55,85
エンプロイアビリティ　71,72

か

係活動　91
学習プログラムの枠組み（例）　65,66,163
価値観　89
学校設定教科　27
家庭，地域との連携　145
カール D. パーキンス職業教育法　68
基礎・基本　156
基礎的能力　153
機能論　62,69,165,171,172
キャリア　30,33
キャリアアップ　32
キャリアカウンセリング　99
　　──の能力　155
キャリア教育奨励法　62,68
キャリア教育推進委員会　160
キャリア教育推進の手引き　31,160
キャリア教育の定義　30
キャリア形成　104
キャリア構築理論　57,58
キャリア・スタート・ウィーク　92
キャリア成熟　47,48
キャリア発達　40,41,47,48,51,54,56-60,63,78,104,162,163
　　──課題　32,128
　　──的な考え　30
　　──理論　33,155
教育改革　31
教育課程の改善　31
「教育」の意味　80
教科活動　79
協同　67

さ

協働体制　159
ギンズバーグ，E.　38,40
クロス・カリキュラム　134,157
クロンバック　167
形成的評価　168
研究指定地域　149
言語的コミュニケーション　155
肯定的自己理解　143
国立教育政策研究所　88
コネクションズ政策　74
コミュニケーション能力　153
コンピテンシィ　29

さ

サヴィカス，M. L.　57-60,99
産業社会と人間　25
自我同一性　55
自己概念　41,47-49,54,56,59
自己効力感　60
自己受容　143
自己有用感　107
事前，事後指導　97
社会性の育成　156
社会的自立　84,157
社会的発達　81
若年失業者　12
就業体験活動　110
生涯発達　80
情報活用能力　29
将来設計　154
将来設計能力　29
奨励法　63
職業観・勤労観　88
　　──の育成　32
　　──を育む学習プログラムの枠組み（例）
　　41,42,164,165
職業教育　63,64,66,68,69,71
職業指導　23
職業生活　35
職業的キャリア　125
職業的発達課題　21
職業名　34
職場見学　109
職場体験　87,107

―─学習　66, 69, 70, 74, 169, 171
――活動　110
所属感　99
ジョブカフェ　76, 171
調べ学習　116
自立行動　84
進路学習　29
進路指導　30
進路発達　20
　――課題　20
推進委員会　161
スーパー, D. E.　33, 38, 47, 48, 56-60
成果の評価　159
全学的組織作り　151
全教職員協働　151
専門性の向上　151
早期離職　14
総合学科　25

た

体験学習　82, 116, 154
適性　90
特性因子論　37, 41, 51
特別活動　79

な

ニート　70, 71, 73, 74
人間関係形成能力　29

は

パーキンス法　68, 69
パーソンズ　37
働く　91, 92
働くことに関係した学習（Work Related Learn-ing：WRL）　72, 74
発達　31
発達心理学　79
発達段階　157
パラサイト・シングル　16
ハローワーク　171
PDCA サイクル　167
フリーター　13
プログラム例　41
ホイト, K. B.　63-65
ホランド, J. L.　50-52, 54-58
ホール, D. T.　34
本校の教育目標　158

ま

マクダニエルズ, C.　34
マーランド, S. P. Jr.　61-63, 68, 69
無業者　12
目標　32

や

融合　67
4（8）能力　120

ら

ライフキャリア　125
ライフキャリア・レインボウ　50, 59
ライフスタイル　34
論理的・批判的思考能力　85

わ

若者自立・挑戦戦略会議　10
若者自立・挑戦プラン　9, 149

〔著者紹介〕

渡辺　三枝子（わたなべ　みえこ）

立教大学大学院ビジネスデザイン研究科教授（特任），総長室調査役
筑波大学キャリア支援室シニアアドバイザー，筑波大学大学研究センター客員研究員
米国ペンシルバニア州立大学大学院博士課程修了（カウンセリング心理学専攻，Ph.D.）
筑波大学大学院人間総合科学研究科教授を経て現職
学会活動：日本キャリア・デザイン学会常任理事，産業・組織心理学会理事，日本産業精神衛生学会理事
主要著書：
『人と組織との良い関係づくり　コミュニケーション読本』雇用問題研究会，2000年（共著）
『キャリアカウンセリング入門』ナカニシヤ出版，2001年（共著）
『新版カウンセリング心理学』ナカニシヤ出版，2002年（単著）
『学校に生かすカウンセリング（改訂）』ナカニシヤ出版，2004年（共著）
『オーガニゼーショナル・カウンセリング序説』ナカニシヤ出版，2005年（編著）
『メンタリング入門』　日経新書，2006年（共著）
『新版キャリアの心理学』ナカニシヤ出版，2007年（編著）
『仕事と職業』ポプラ社，2007年（監修）
『キャリア教育：自立していく子どもたち』東京書籍，2008年（単著）
『教科でできるキャリア教育』図書文化，2009年（監修，分担）
『女性プロフェッショナルから学ぶキャリア形成』ナカニシヤ出版，2009年（編著）

鹿嶋　研之助（かしま　けんのすけ）

千葉商科大学商経学部教授
明治大学大学院商学研究科修士課程修了
東京都立高等学校教諭，東京都教育委員会指導主事及び文部省初等中等教育局職業教育課教科調査官（進路指導担当）を経て現職。
学会活動：日本キャリア・デザイン学会，日本キャリア教育学会，日本生徒指導学会
主要著書：
『進路指導を生かす総合的な学習』実業之日本社，2000年（単著）
『小中学校のキャリア教育実践プログラム』ぎょうせい，2006年（共編著）
『キャリア教育の系譜と展開』雇用問題研究会，2008年（共著）
『「キャリア教育」Q＆Aワーク』明治図書（共編著）

若松　養亮（わかまつ　ようすけ）

滋賀大学教育学部教授
東北大学大学院教育学研究科単位取得退学　博士（教育学，東北大学）
学会活動：日本キャリア教育学会理事，日本青年心理学会常任理事
主要著書・論文：
『フリーターの心理学』世界思想社，2009年（共著）
『キャリア教育概説』東洋館出版社，2008年（分担）
『入門　進路指導・相談』福村出版，2000年（分担）
「教員養成学部の進路未決定者が有する困難さの特質－類型化と教職志望による差異の分析を通して－」『青年心理学研究』第17号，2005年（単著）
「大学生の進路未決定者が抱える困難さについて－教員養成学部の学生を対象に－」『教育心理学研究』第49巻，2001年（単著）

〔監修者紹介〕

小島 弘道（おじま　ひろみち）

龍谷大学教授，京都教育大学大学院連合教職実践研究科教授，筑波大学名誉教授
東京教育大学大学院教育学研究科博士課程単位取得満期退学
神戸大学，奈良教育大学，東京教育大学，筑波大学，平成国際大学を経て現職
この間，モスクワ大学で在外研究
学会活動：日本教育経営学会理事・元会長，日本教育行政学会理事，日本学習社
　会学会常任理事
主要著書：
『学校と親・地域』東京法令出版，1996 年
『21 世紀の学校経営をデザインする　上・下』教育開発研究所，2002 年
『教務主任の職務とリーダーシップ』東洋館出版社，2003 年
『校長の資格・養成と大学院の役割』東信堂，2004 年（編著）
『時代の転換と学校経営改革』学文社，2007 年（編著）
『教師の条件―授業と学校をつくる力―（第 3 版）』学文社，2008 年（共著）

［講座 現代学校教育の高度化20］
学校教育とキャリア教育の創造

2010年8月10日　第1版第1刷発行

監　修　小島　弘道
著　者　渡辺三枝子
　　　　鹿嶋研之助
　　　　若松　養亮

発行者　田中　千津子　　〒153-0064　東京都目黒区下目黒3-6-1
　　　　　　　　　　　　電話　03（3715）1501 代
発行所　株式会社 学文社　FAX　03（3715）2012
　　　　　　　　　　　　http://www.gakubunsha.com

©M. Watanabe/K. Kashima/Y. Wakamatsu 2010　　印刷　新灯印刷
乱丁・落丁の場合は本社でお取替えします。　　　　製本　小泉企画
定価は売上カード，カバーに表示。

ISBN 978-4-7620-2100-8

講座 現代学校教育の高度化
（小島 弘道 監修）

各巻：Ａ５判上製，180〜200頁

〈知識基盤テーマ群〉
『第 1 巻　現代の教育課題』
『第 2 巻　現代教育の思想』
『第 3 巻　現代の教育政策・行政』
『第 4 巻　現代の教育法制』
『第 5 巻　「考える教師」―省察，創造，実践する教師―』
『第 6 巻　生涯学習と学習社会の創造』
『第 7 巻　スクールリーダーシップ』

〈学校づくりテーマ群〉
『第 8 巻　学校づくりと学校経営』
『第 9 巻　学校づくりとカリキュラム開発・マネジメント』
『第10巻　学校づくりと安全・危機管理』
『第11巻　学校づくりとスクールミドル』
『第12巻　学校づくりの組織論』
『第13巻　学校づくりと学校評価』
『第14巻　学校づくりと家庭・地域社会』
『第15巻　学校づくりと予算・財務』

〈教育実践テーマ群〉
『第16巻　授業づくりと学びの創造』
『第17巻　学校教育と学級・ホームルーム経営の創造』
『第18巻　学校教育と生活指導の創造』
『第19巻　学校教育と教育カウンセリングの創造』
『第20巻　学校教育とキャリア教育の創造』
『第21巻　学校教育と特別支援教育の創造』
『第22巻　学校教育と国際教育の創造』
『第23巻　学校教育と道徳教育の創造』
『第24巻　学校改善と校内研修の設計』
『第25巻　学校教育と国民の形成』

〈教育内容テーマ群〉
『第26巻　リテラシー実践と国語教育の創造』
『第27巻　数学的リテラシーと数学教育の創造』
『第28巻　社会参画と社会科教育の創造』
『第29巻　科学的リテラシーと理科教育の創造』
『第30巻　リテラシーを育てる英語教育の創造』